1日1テーマ
30日
でわかる
戦国武将

監修：山田勝

文響社

はじめに　戦国の世へのいざない

この本を手にしたあなたは、小説や漫画、テレビドラマやゲームなどで戦国時代に興味を持たれたのでしょうか。以前から戦国時代にくわしいかもしれませんし、そうではないかもしれません。

本書は戦国時代の花形ともいえる30人の“戦国武将”に焦点をあてており、1日につき1人の武将について読み進めることで、戦国時代（室町時代後期～安土桃山時代）から江戸時代初期についての理解が進むという構成になっています。

私は予備校で日本史のすべての時代を教えていますが、学習という観点を離れて学生の関心が最も高いのは、やはり戦国時代です。私自身もそうです。ではなぜ、私たちはこれほどまでに戦国時代、そして戦国武将に魅了されるのでしょうか。

そもそも、老若男女を問わず多くの人はスポーツをはじめとした勝負事に夢中になります。“勝負”というものはいわば戦いであり、戦国時代は戦いの宝庫といえるでしょう。それらの戦いでは、徳川家康の配下である本多忠勝、その武勇を豊臣秀吉に称えられた立花宗茂など、武勇に優れた者がとくに知られています。それでだけでなく、豊臣家に最期まで忠義を尽くした石田三成や真田信繁（幸村）など、歴史の敗者でありながら後世にその名を残した人物もいます。

武勇でいえば、「軍神」という異名を持つ上杉謙信も有名ですが、戦いにおける無類の強さやライバルである武田信玄との戦いの数々、加えて“義に厚い”という点も、今なお高い人気を誇る理由の一つでしょう。

とはいえ、戦国武将の魅力は武勇だけに留まりません。豊臣秀吉の参謀だった黒田如水（くろだじょすい）はその智謀（ちぼう）で味方を勝利に導き、小早川隆景（こばやかわたかかげ）は主家である毛利家の存続に知恵をふり絞りました。

そして何よりも忘れてはならないのが、より上の身分の人物を倒しながらのし上がっていった、いわゆる“下剋上（げこくじょう）”を体現した斎藤道三（さいとうどうさん）や毛利元就（もうりもとなり）といった人物です。

本書に登場するバラエティに富んだ戦国武将については、今なお多くの謎が残されています。だからこそ人はその謎に惹（ひ）きつけられる。それについて誰もが想像をふくらませることができるというのも、この時代の魅力だと感じています。

さらに最新の研究をできるだけ盛り込むとともに、武将個人のエピソードにもふれることで、彼らがどのような人物だったかが伝わるよう“戦国通”の方であっても飽きさせない内容になっています。

それでは戦国の世をご堪能（たんのう）ください。

監修　山田勝（やまだまさる）

本書の読み方

内容がより理解しやすくなるよう、本書の特徴を紹介します。

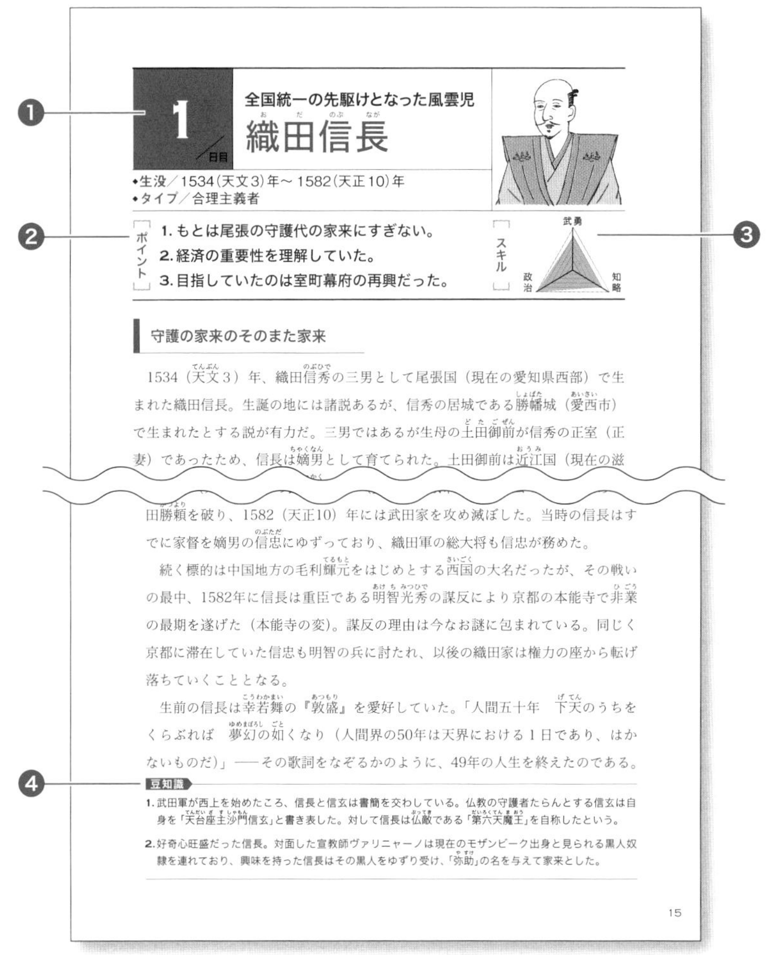

1 日目

全国統一の先駆けとなった風雲児
織田信長

◆生没／1534（天文3）年～1582（天正10）年
◆タイプ／合理主義者

ポイント
1. もとは尾張の守護代の家来にすぎない。
2. 経済の重要性を理解していた。
3. 目指していたのは室町幕府の再興だった。

スキル
武勇
政治
知略

守護の家来のそのまた家来

1534（天文３）年、織田信秀の三男として尾張国（現在の愛知県西部）で生まれた織田信長。生誕の地には諸説あるが、信秀の居城である勝幡城（愛西市）で生まれたとする説が有力だ。三男ではあるが生母の土田御前が信秀の正室（正妻）であったため、信長は嫡男として育てられた。土田御前は近江国（現在の滋

田勝頼を破り、1582（天正10）年には武田家を攻め滅ぼした。当時の信長はすでに家督を嫡男の信忠にゆずっており、織田軍の総大将も信忠が務めた。

続く標的は中国地方の毛利輝元をはじめとする西国の大名だったが、その戦いの最中、1582年に信長は重臣である明智光秀の謀反により京都の本能寺で非業の最期を遂げた（本能寺の変）。謀反の理由は今なお謎に包まれている。同じく京都に滞在していた信忠も明智の兵に討たれ、以後の織田家は権力の座から転げ落ちていくこととなる。

生前の信長は幸若舞の『敦盛』を愛好していた。「人間五十年　下天のうちをくらぶれば　夢幻の如くなり（人間界の50年は天界における１日であり、はかないものだ）」──その歌詞をなぞるかのように、49年の人生を終えたのである。

豆知識

1. 武田軍が西上を始めたころ、信長と信玄は書簡を交わしている。仏教の守護者たらんとする信玄は自身を「天台座主沙門信玄」と書き表した。対して信長は仏敵である「第六天魔王」を自称したという。

2. 好奇心旺盛だった信長。対面した宣教師ヴァリニャーノは現在のモザンビーク出身と見られる黒人奴隷を連れており、興味を持った信長はその黒人をゆずり受け、「弥助」の名を与えて家来とした。

15

❶登場する順番（何日目か）を表しています。

❷武将に関する押さえておいてほしい情報です。

❸武将がどのようなタイプか簡単に知ることができます。

❹上の文章では紹介しきれなかったプチ情報です。

※本書は、人物の年齢を生まれた時点で１歳とし、元日に加齢する「数え年」で表記しています。※日付は旧暦ではなく、現行のグレゴリオ暦で表記しています。

本書を読む前に

事前に知っておくと理解が深まる用語などを紹介します。

◆室町幕府の組織図

京都（中央）で政務を執る足利将軍を頂点として、それを補佐する「管領（かんれい）」という役職があり、その下には財政や訴訟を司る政所をはじめ、さまざまな機関が存在した。また、将軍の側では「奉公衆（ほうこうしゅう）」が秘書のような役割を担（にな）った。

地方では「守護」や「守護代」などが各地域を統治し、なかでも関東地方には、関東８カ国に、甲斐（かい）国と伊豆（いず）国を加えた10カ国を統治する政庁の鎌倉府があった。その長官を「鎌倉公方（くぼう）」、補佐役を「関東管領」という。

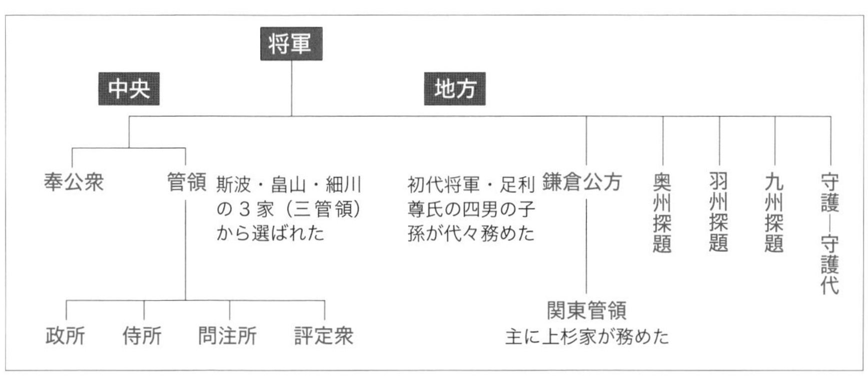

◆守護を基準とした支配構造

守護は京都にいることも多く、補佐として守護代を置き、領国の統治を任せることもあった。守護代はその土地の有力者である国人（こくじん）領主を支配下に置き、領国を統治していた。

やがて守護を圧倒する力をつけた守護代や国人領主は「戦国大名」となり、守護が力をつけた場合は「守護大名」となった。

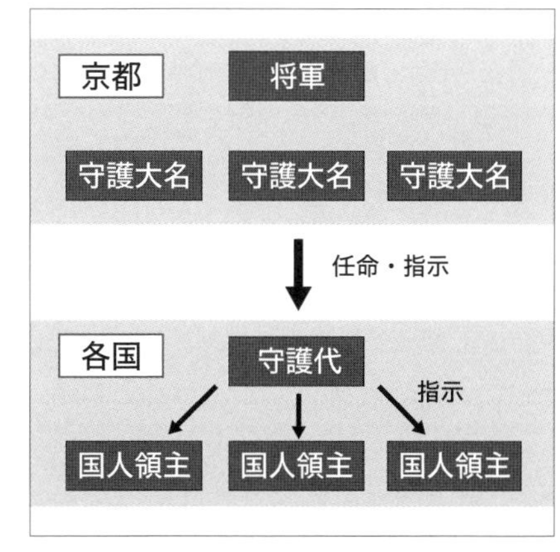

戦国時代の全国地図

戦国時代の日本は当時の法令（律令制）により、68カ国（令制国または律令国）に分けられていました（現在の北海道と沖縄県は除く）。

国名	都道府県
1 陸奥	青森県
	岩手県
	宮城県
	福島県
2 出羽	秋田県
	山形県
3 越後	新潟県
4 佐渡	
5 上野	群馬県
6 下野	栃木県
7 常陸	茨城県
8 下総	千葉県
9 上総	
10 安房	
11 武蔵	埼玉県
	東京都
12 相模	神奈川県
13 甲斐	山梨県
14 信濃	長野県
15 伊豆	静岡県
16 駿河	
17 遠江	
18 三河	愛知県
19 尾張	
20 美濃	岐阜県
21 飛騨	
22 越中	富山県

国名	都道府県
23 能登	石川県
24 加賀	
25 越前	福井県
26 若狭	
27 近江	滋賀県
28 伊勢	三重県
29 伊賀	
30 志摩	
31 紀伊	和歌山県
32 大和	奈良県
33 山城	京都府
34 丹後	
35 丹波	
36 但馬	兵庫県
37 淡路	
38 播磨	
39 摂津	
40 和泉	大阪府
41 河内	
42 阿波	徳島県
43 土佐	高知県
44 伊予	愛媛県
45 讃岐	香川県
46 備前	岡山県
47 美作	
48 備中	
49 因幡	鳥取県
50 伯耆	

国名	都道府県
51 隠岐	島根県
52 出雲	
53 石見	
54 備後	広島県
55 安芸	
56 周防	山口県
57 長門	
58 筑前	福岡県
59 筑後	
60 豊前	
61 豊後	大分県
62 日向	宮崎県
63 大隅	鹿児島県
64 薩摩	
65 肥後	熊本県
66 壱岐	長崎県
67 対馬	
68 肥前	佐賀県

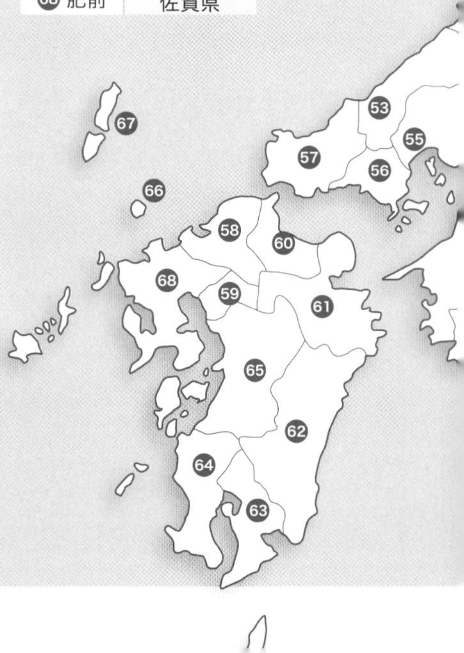

1
2
3
4
5
6
7
8
9
10
11
12
13
14
15
16
17
18
19
20
21
22
23
24
25
26
27
28
29
30
31
32
33
34
35
36
37
38
39
40
41
42
43
44
45
46
47
48
49
50
51
52
54

戦国武将の生没一覧

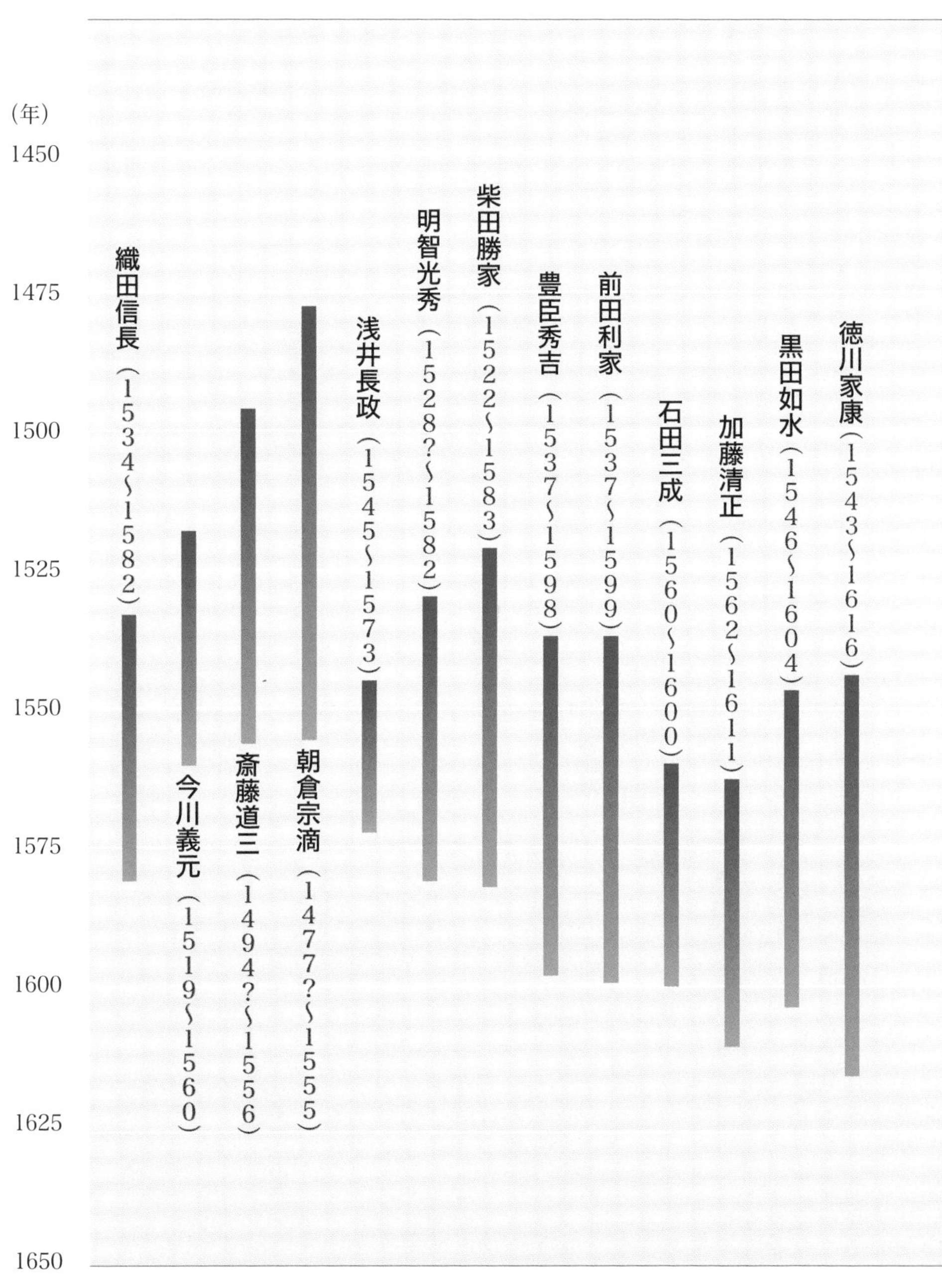

(年)
1450
1475
1500
1525
1550
1575
1600
1625
1650
織田信長(1534〜1582)
今川義元(1519〜1560)
斎藤道三(1494?〜1556)
朝倉宗滴(1477?〜1555)
浅井長政(1545〜1573)
明智光秀(1528?〜1582)
柴田勝家(1522〜1583)
豊臣秀吉(1537〜1598)
前田利家(1537〜1599)
石田三成(1560〜1600)
加藤清正(1562〜1611)
黒田如水(1546〜1604)
徳川家康(1543〜1616)

本書に登場する順に30人の武将の生没を左から順に並べています。

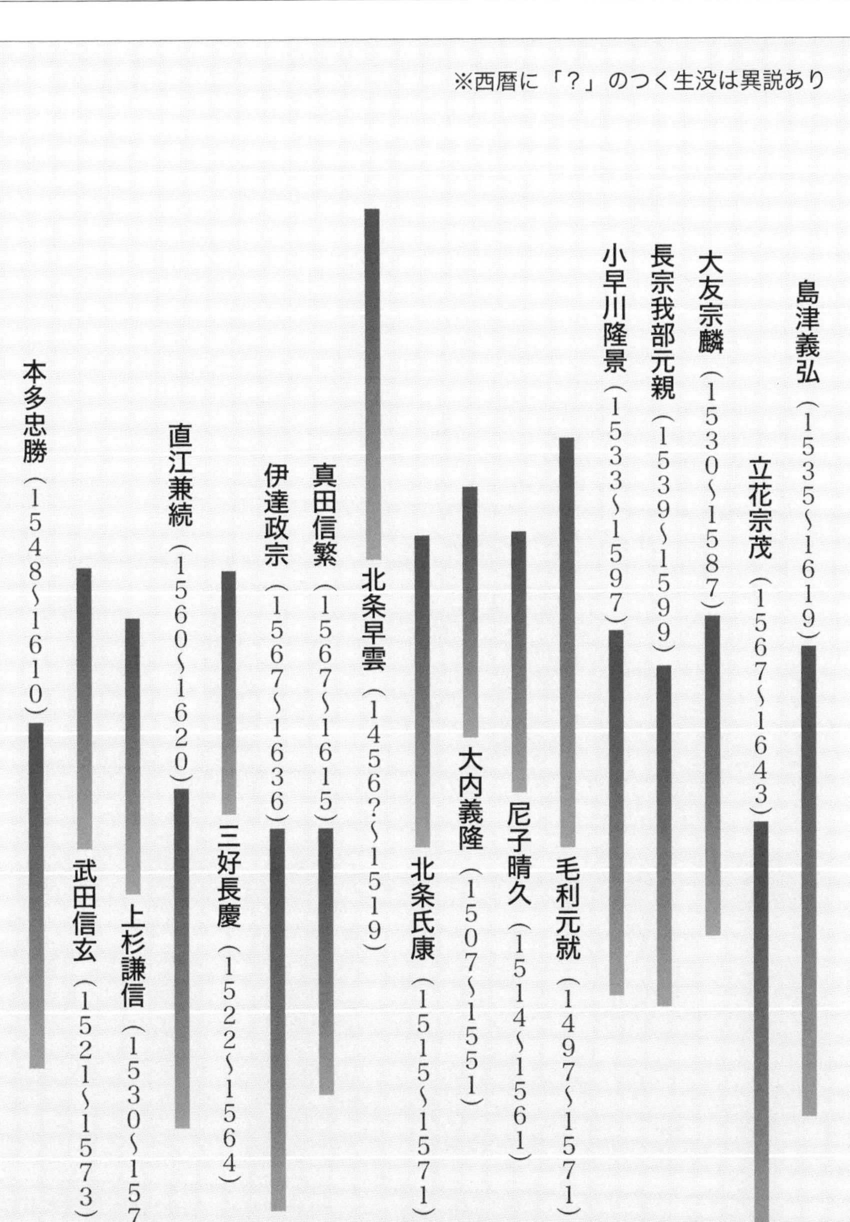

目次

1 日目

全国統一の先駆けとなった風雲児

織田信長

◆生没／1534(天文3)年～ 1582(天正10)年

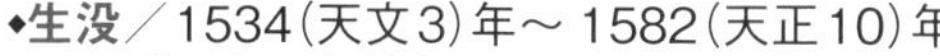

◆タイプ／合理主義者

ポイント

1. もとは尾張の守護代の家来にすぎない。
2. 経済の重要性を理解していた。
3. 目指していたのは室町幕府の再興だった。

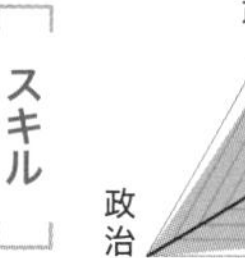

スキル

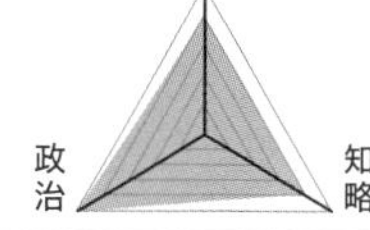

守護の家来のそのまた家来

1534（天文３）年、織田信秀の三男として尾張国（現在の愛知県西部）で生まれた織田信長。生誕の地には諸説あるが、信秀の居城である勝幡城（愛西市）で生まれたとする説が有力だ。三男ではあるが生母の土田御前が信秀の正室（正妻）であったため、信長は嫡男として育てられた。土田御前は近江国（現在の滋賀県）の南部の大名である六角家の流れをくむ土田家の出身とされているが、くわしいことはわかっていない。

織田氏は越前国（現在の福井県北東部）と尾張国の守護を務める斯波家の家臣で、尾張国の守護代を務めていた。ただし、信長の家系（織田弾正忠家）は傍流であり、清洲城（清須市）を本拠とする守護代の織田大和守家の奉行を務めていた。**つまり、守護の斯波氏から見れば、信長は陪臣（家来の家来）ということになる。**

この弾正忠家は信秀の代に躍進し、大和守家をしのぐほどまでに成長する。その背景にあったのは経済力だ。勝幡城の近隣には津島神社（津島市）と津島湊がある。当時は

〈守護〉
斯波家 ← 追放

滅ぼす

〈守護代〉
岩倉織田家
（伊勢守家）

〈守護代〉
清洲織田家
（大和守家）

〈清洲三奉行〉

織田
因幡守家

織田
藤左衛門家

織田
弾正忠家

尾張国の主従関係

木曽川の支流の天王川が津島神社の側を流れており、一帯は門前町・湊町として栄えていた。加えて弾正忠家は伊勢湾に面する熱田湊（名古屋市）も押さえており、それらの権益をもとに信秀は軍事力を蓄えていったのである。

信長は14歳で初陣を飾り、吉良大浜の戦い（碧南市）において、駿河国（現在の静岡県中部）と遠江国（現在の静岡県西部）の大名である今川義元の軍勢をけん制した（信長の大敗という説も）。16歳のときには、美濃国（現在の岐阜県南部）の実質的な国主であった斎藤利政（道三）の娘・帰蝶（濃姫）を正室に迎えている。このころの信長は、奇抜な格好で近習とともに町を練り歩くなど奇行とも呼べる振る舞いが目立ち、周囲から「うつけ（馬鹿）」と思われていた。ただし、その後の歴史が示しているように、信長は真のうつけではない。一説に、近隣の敵対勢力を油断させるためにうつけのフリをしていたともいわれている。

1552（天文21）年に信秀が病死すると（没年は他説あり）、信長は19歳で跡を継いだ。尾張国の平定を目指す信長は1555（天文24）年に織田大和守家を滅ぼす。争いの火種は家中にもあり、信長の家督相続を認めない弟の信勝（信行とも）が２度にわたって謀反を起こすと、信長は病気と偽って信勝を呼び出し、殺害した。1559（永禄２）年には大和守家とともに尾張国の守護代を務める織田伊勢守家も倒し、さらに1561（永禄４）年には守護の斯波義銀を追放した。

「天下布武＝全国平定」ではない

その最中の1560（永禄３）年、尾張国の支配をねらう今川義元が、およそ２万5000の大軍をみずから率いて駿河国を発ち、尾張国へと侵攻した。桶狭間の戦い（名古屋市もしくは豊明市）の勃発である。

このときの織田家の動員兵力はおよそ3000人。両軍の戦力差から、この桶狭間の戦いは「大国の大名である今川家を、小領主の織田家が破った」とのイメージが定着しているが、多分の誤解がある。豊臣政権下の太閤検地によれば、今川家の領国である駿河国と遠江国、実質的に支配していた三河国（現在の愛知県東部）の石高の合計が約70万石であるのに対し、尾張国は約57万石。**つまり今川家と織田家は経済基盤の点では大差はなかったのである。**

しかしながら、当時の尾張国は内戦が収まったばかりであり、信長は大軍を編成できなかった。偵察の兵の報告で義元の本隊が桶狭間山で休息していることを知った信長は、軍を率いて一気に敵本陣へ突撃し、義元を討ち取った。

戦後、今川家の配下にあった三河国の松平元康（のちの徳川家康）が大名として独立し、信長と清洲同盟を結んだ。これにより東方の守りを固めた信長は、義父の斎藤道三の孫である斎藤龍興を倒し、美濃国も手中にした。

「天下布武」と刻まれた印判（判子）を使うようになったのは美濃国の攻略以降のこと。武力で天下を治めるという意味だが、**ここでいう「天下」とは京都を中心とする畿内を指す。当時の信長が目指していたのは室町幕府の再興であったとする見方が今日では主流となっており、保守的な考えの持ち主だった可能性もある。**

信長はなぜ比叡山を焼き討ちしたのか

畿内では室町幕府の第13代将軍・足利義輝が家来の三好氏に暗殺され、弟の義昭が流浪の身となっていた。1568（永禄11）年、信長はこの義昭を奉じて上洛し、第15代将軍の座に就ける。義昭は信長を“父”と呼び、副将軍あるいは管領代（幕府の要職の一つ）のポストを与えようとしたが、信長はそれを辞退し、代わりに堺（大阪府堺市）・草津・大津（いずれも滋賀県の都市）の直轄化を認めさせた。当時の堺は九州の博多（福岡県福岡市）と並ぶ国際貿易港であり、鉄砲の生産も盛んに行われていた。**信長は肩書きよりも実利を求めたのである。**

また、信長は商工業者の組合である座の特権を撤廃し、新興商人の商売を許可する楽市・楽座の制度を岐阜城（岐阜市）や安土城（滋賀県近江八幡市）一帯で取り入れている。経済を重視する姿勢は父の信秀ゆずりといえるだろう。なお、楽市・楽座は信長の専売特許のように見られているが、日本で初めて導入したのは近江国の六角家とされている。

当初は手を携えていた信長と足利義昭だが、良好な関係は長く続かない。両者は政権運営をめぐって対立し、信長の排除をねらった義昭は越前国の朝倉義景、近江国の浅井長政、甲斐国（現在の山梨県）の武田信玄といった有力大名に書簡を送り、**いわゆる“信長包囲網”を形成する。**

その戦いのなかで、朝倉・浅井の兵をかくまった比叡山延暦寺（大津市）も信長の標的となった。1571（元亀２）年の比叡山の焼き討ちでは、僧侶はいうにおよばず、女性や子どもも皆殺しにした。これをもって信長を「神仏を怖れぬ無神論者」と見る向きもあるが、正しいとはいえない。**信長は桶狭間の戦いの前後に熱田神宮を参拝しており、信心深い一面もあった。**比叡山に苛烈な弾圧を加えたのは、宗教勢力の政治介入を許さなかったからである。

第二次信長包囲網

続く1572（元亀３）年には武田信玄が西上を開始する。戦国屈指の騎馬軍団を擁する武田家は信長にとって脅威であったが、その進軍途中に信玄が病死し、信長は危機を脱した。

結局、信長包囲網は崩壊し、義昭は京都を追われた。室町幕府を滅ぼし、名実ともに畿内の支配者となった信長は全国統一へと動き出す。

1575（天正３）年の長篠の戦い（愛知県新城市）では信玄の跡継ぎである武田勝頼を破り、1582（天正10）年には武田家を攻め滅ぼした。当時の信長はすでに家督を嫡男の信忠にゆずっており、織田軍の総大将も信忠が務めた。

続く標的は中国地方の毛利輝元をはじめとする西国の大名だったが、その戦いの最中、1582年に信長は重臣である明智光秀の謀反により京都の本能寺で非業の最期を遂げた（本能寺の変）。謀反の理由は今なお謎に包まれている。同じく京都に滞在していた信忠も明智の兵に討たれ、以後の織田家は権力の座から転げ落ちていくこととなる。

生前の信長は幸若舞の『敦盛』を愛好していた。「人間五十年　下天のうちをくらぶれば　夢幻の如くなり（人間界の50年は天界における１日であり、はかないものだ）」──その歌詞をなぞるかのように、49年の人生を終えたのである。

豆知識

1. 武田軍が西上を始めたころ、信長と信玄は書簡を交わしている。仏教の守護者たらんとする信玄は自身を「天台座主沙門信玄」と書き表した。対して信長は仏敵である「第六天魔王」を自称したという。
2. 好奇心旺盛だった信長。対面した宣教師ヴァリニャーノは現在のモザンビーク出身と見られる黒人奴隷を連れており、興味を持った信長はその黒人をゆずり受け、「弥助」の名を与えて家来とした。

2 日目

誤解に満ちた東海道の英主

今川義元

◆生没／1519（永正16）年～1560（永禄3）年
◆タイプ／理性的

ポイント

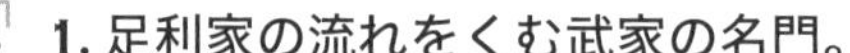

1. 足利家の流れをくむ武家の名門。
2. 優れた手腕で東海の３カ国を支配する。
3. “貴族かぶれの軟弱者”はデタラメ。

スキル

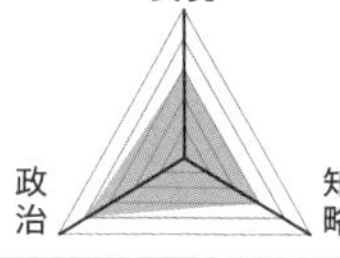

兄との争いを制して家督を継ぐ

今川義元は戦国武将のなかでも上位の知名度を誇るが、そのイメージは必ずしも良くない。理由は桶狭間の戦い（名古屋市もしくは豊明市）での討ち死にだ。織田信長を主人公とした後世の創作物では義元は引き立て役だが、暗愚なイメージは義元の実像とはかけ離れている。

今川家は室町幕府の将軍である足利家の流れをくむ一族で、室町時代の初期に駿河国（現在の静岡県中部）と遠江国（現在の静岡県西部）の守護になった。**足利将軍家の血筋が途絶えた際には後継者を出す資格を有し、実際にそうした事態になったことはないが、義元の５代前の当主は「副将軍」の肩書きを得ている。**

義元は今川氏親の子として1519（永正16）年に生まれた。幼少期は寺に入っており、教育係を務める僧侶の太原雪斎とともに駿府（静岡市）と京都を往復する日々を送っていた。成長後は栴岳承芳を名乗り、京都の建仁寺や妙心寺での修行を通して、知識と教養を蓄えたと見られている。

その間、今川家では当主の氏親が病死し、長男の氏輝が家督を継いだが、1536（天文５）年に死去し、同じ日にすぐ下の弟も急死した。どちらも死因は不明で、暗殺の可能性もあるという。義元は家督継承の候補者から外れていたが、２人の実兄の死により還俗（僧侶を辞めて俗世にもどること）して今川家を継ぐことになった。

この家督継承に異を唱える家来が義元の異母兄を後継者に立てて反乱を起こす

と、義元は相模国（現在の神奈川県）の大名である北条氏綱の協力を得てこれを鎮めた（花倉の乱）。氏綱は北条早雲の子であり、早雲はかつて今川家の客将だった。両家の友好関係はその後も続いたのである（92ページ参照）。

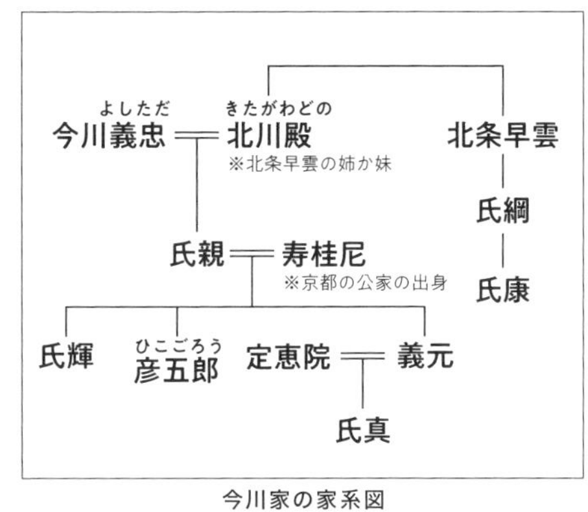

今川家の家系図

巧みな外交戦術で領地を守る

義元は18歳で今川家の当主となり、師の雪斎は軍師として義元を支えた。翌1537（天文６）年には、義元と甲斐国（現在の山梨県）の大名である武田信虎の娘（定恵院）との縁組が決まり、両家の同盟が成立する。それまで武田家は今川家と北条家の共通の敵だったが、義元は内紛で荒廃していた領国を立て直さなければならず、武田との和睦を選んだのである。**だが、氏綱はこれに納得せず、北条軍は同年に今川領を攻め、富士川より東を占領した（第一次河東一乱）。**

さらに1540（天文９）年には、尾張国（現在の愛知県西部）の大名である織田信秀が三河国（現在の愛知県東部）への侵攻を開始する。三河国を制圧されると、今川領である遠江国もおびやかされることになるため、義元は三河国の有力豪族である松平家を支援した。しかし、1542（天文11）年の第一次小豆坂の戦い（愛知県岡崎市）で今川軍は織田軍に大敗してしまう（この合戦はなかったとする説もある）。

こうした苦境を打開するため、義元は北条家と敵対していた関東の大名の山内上杉家と手を結び、信虎に代わって武田家の当主となった武田晴信（のちの信玄）にも出兵をうながした。**今川・武田・山内上杉の３家を敵に回すこととなった北条氏康（氏綱の嫡男）は、1545（天文14）年に今川・武田と和睦し、駿河国の東部を義元に返還した（第二次河東一乱）。**

北条家との関係が多少なりとも改善したことで、義元は三河国への侵攻を本格化させ、**松平家の当主である広忠を臣従させた。**

今川家と織田家は1548（天文17）年に再び激突したが、今度は義元が勝利し、織田軍を三河国から追い出した（第二次小豆坂の戦い）。駿河国と遠江国に続いて三河国も今川家の領国になったのである。なお、広忠の嫡男・竹千代（のちの徳川家康）は1547（天文16）年に今川家の人質となるはずだったが、織田家にさらわれてしまう。その２年後に人質交換が成立し、竹千代は今川家に送られた。

「寄親・寄子制」の導入で統制を強化

義元の父・氏親は1526（大永６）年に分国法の『今川仮名目録』を制定している。分国法とは領国内でのみ通用する法律のことだ。1553（天文22）年、義元はこの『今川仮名目録』に21の条文を追加した（『仮名目録追加21条』）。

とくに重要なのは「守護使不入」の廃止だ。守護使不入は幕府が有していた特権で、それにより守護であっても手を出せない土地が領国内にあった。その廃止は今川家が幕府の支配から脱却したことを意味する。『仮名目録追加21条』の制定をもって、今川家は幕府の権力を後ろ盾とする守護大名から、より自立性の高い戦国大名になったということができる。

さらに当時の政策では、「寄親・寄子制」の導入も重要だ。**義元は領国内の地侍（農民出身の下級武士）を直接支配するのではなく、重臣の配下に組み入れ、重臣を「寄親」、地侍を「寄子」として、親子のような関係を築かせることで統制の強化を図った。**今川家が数万規模の軍勢をスムーズに編成することができたのは、この制度によるところが大きい。

義元は外交面でも手腕を発揮し、1554（天文23）年には今川家の発案で武田家、北条家との「甲相駿三国同盟」が成立する。**この同盟によって３家の取るべき方針が明確になり、今川家は尾張国、武田家は信濃国（現在の長野県）、そして北条家は関東の攻略に専念できるようになる。**

今川家の領地

なお、『仮名目録追加21条』の制定や甲相駿三国同盟の締結を主導したのは軍師の雪斎とされている。政治・軍事の両面で義元を支えた雪斎は1555（弘治元）年に死去した。その後に起こる桶狭間の戦いは、雪斎が存命ならば起こらなかったともいわれている。

天下人に受け継がれた義元の愛刀

1560（永禄３）年、義元はおよそ２万5000の兵を率いて尾張国に侵攻した。当時は今川家でも織田家でも代替わりが行われ、今川家は義元の子の氏真が、織田家は信秀の子の信長が当主となっている。氏真はこの桶狭間の戦いに加わらず、駿府に残って守りを固めた。冒頭でもふれたように、この戦いで義元は戦死した。結果に加え、**戦場での義元の振る舞いもイメージ低下の要因となっているが、そこには多分の誤解が含まれている。**

一例として、義元が進軍の際に輿に乗っていたことを指して、“貴族かぶれの軟弱な大名”とする向きがある。義元が輿に乗っていたのは事実だが、これは限られた大名に与えられた特権であり、今川家が名門であることの証明にはなっても、軟弱であることの理由にはならない。また、義元は太っていたために馬に乗れなかったとする説もあるが、信長の側近が著し、比較的信ぴょう性の高い史料である『信長公記』には義元が馬に乗っている描写がある。合戦の結末に関しても、にわか雨による視界の悪化など不測の事態が重なった末の敗死であり、義元を無能とする根拠にはならないだろう。

何より、勝利した信長本人が義元を評価していた節がある。義元の愛刀は後年「義元左文字」と呼ばれているが、信長はこの刀を義元から奪い、本能寺の変で討たれるまで手放さなかった。信長の家来だった羽柴秀吉は、焼け落ちた本能寺の瓦礫のなかからこの義元左文字を探し出し、その後は息子の豊臣秀頼を経て、徳川家康の手に渡った。彼らの胸中には、義元に対する尊敬の念が少なからずあったのではないだろうか。

豆知識

1. 義元の母の寿桂尼が京都の貴族の出身だったこともあり、義元は積極的に京都の文化を街づくりに取り入れた。駿府は、大内家の山口、朝倉家の一乗谷とともに戦国時代の三大文化都市とされている。
2. 今日の義元は「海道一の弓取り」の異名を得ている。「東海道で最も優れた武士」という意味だが、もとは徳川家康につけられた異名である。再評価が進むなかで義元もそう呼ばれるようになったのだろう。

3 日目

下剋上で国を奪った“美濃の蝮”

斎藤道三

◆生没／1494(明応3)年もしくは1504(永正元)年～1556(弘治2)年
◆タイプ／野心家

ポイント

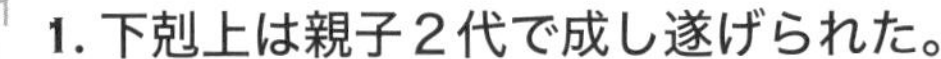

1. 下剋上は親子2代で成し遂げられた。
2. 謀略を駆使して美濃の国主に成り上がる。
3. 娘を嫁がせ、織田信長の義父となる。

スキル

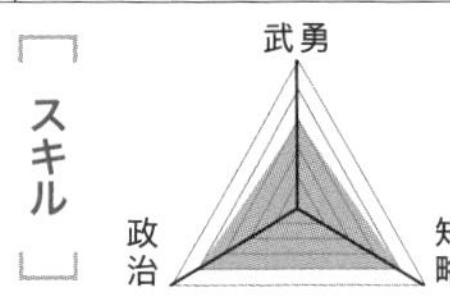

前半生の経歴は父のものだった

下剋上をくり返して、浪人から一国の主になったというのが、多くの人が抱いている斎藤道三のイメージだろう。主君の家を次々と乗っ取り、出世の階段を駆け上がっていく様子からつけられた異名は「美濃の蝮」。これは蝮が、母の腹を食い破って生まれるという言い伝えにちなむ。

しかし、その経歴と人物像は昭和期に書かれた坂口安吾の『梟雄』や司馬遼太郎の『国盗り物語』などの歴史小説によって広まったものであり、「美濃の蝮」の異名も、やはり昭和期の作家によってつけられたものだ。これらの小説は必ずしも史実をもとにしているわけではない。**近年の研究により、道三の下剋上は道三とその父の2代によって成し遂げられたことが明らかになっている。**

道三の祖先は、天皇の御所の北側を守るために創設された北面武士を代々務めていたという。ただし、道三の父である長井新左衛門尉は京都の妙覚寺の僧侶だった。還俗（僧侶を辞めて俗世にもどること）して西村という名字を名乗り、美濃国（現在の岐阜県南部）の守護である土岐家に仕える長井弥二郎の家来となった。のちに自身も名字を長井に改め、土岐家の三奉行の1人にまで出世したという。

通説によれば、武士になる前の道三は油売りをしており、糸のように細く垂らした油を一文銭の穴に通す芸で評判を集めていた。おそらくこれも新左衛門尉のことだろう。

道三と同じ時代の文献には、新左衛門尉が1533（天文2）年に病気になったと書かれており、また別の文献には同じころから藤原規秀という名前が現れはじめる。**この藤原規秀は道三の名前の一つであり、1533年前後に新左衛門尉から道三への家督の継承が行われたと考えられている。**以上が近年の研究によって判明した内容の大筋である。

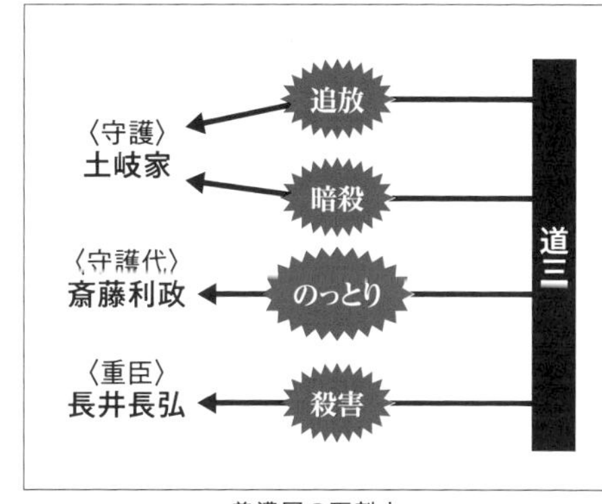

美濃国の下剋上

守護代の家を乗っ取って守護を追放

ここからは道三が美濃の国主となり、息子との戦いで討ち死にするまでの経緯を、通説をもとに紹介する。

道三は土岐家当主の二男である頼芸に重く用いられた。頼芸から深芳野という愛人をゆずられ、道三と深芳野の間には長男の義龍が生まれている。

頼芸とその兄である頼武の間で家督争いが起こると、道三は1530（享禄３）年ごろに頼武を越前国（現在の福井県北東部）に追放し、頼芸が美濃国の守護となる後押しをした。

1533年には主人である長井長弘（前出の長井弥二郎と同一人物と思われる）を殺害し、長井規秀と改名する。さらに1538（天文７）年、美濃国の守護代を務める斎藤家の当主が病死すると、今度は斎藤利政と改名してその家督を継承した。守護の土岐家に次ぐ美濃国のナンバー２になったのである。

国主の座をねらう道三は1541（天文10）年に頼芸の弟を毒殺し、土岐家への対抗姿勢をあらわにする。翌年には頼芸を攻め、尾張国（現在の愛知県西部）に追放した。

尾張国の大名である織田信秀は頼芸を支援し、1544（天文13）年に美濃国へ侵攻する（1547年説あり）。越前国の大名である朝倉家に保護されていた頼武の子の頼純も呼応し、道三は織田家と朝倉家から攻められることとなった。

信秀は大軍を率いて道三の居城である稲葉山城（岐阜市）に攻めかかるが、この城は全国有数の堅城であり、合戦は斎藤家の勝利に終わった（加納口の戦い）。

斎藤家の領地

戦後、道三と頼純が和睦したことで、頼純が美濃国の守護となった。このとき、道三の娘である帰蝶（濃姫）との縁組も成立している。ところが、頼純は1547（天文16）年に急死する。道三による暗殺説が有力だ。また、道三と織田家との間でも和睦が成立する。当時は駿河国（現在の静岡県中部）と遠江国（現在の静岡県西部）の大名である今川義元が尾張国をねらう動きを見せていたこともあり、信秀は道三に縁組を持ちかけた。**こうして1548（天文17）年（あるいは1549年）に信秀の嫡男・信長と濃姫との結婚が決まった。**

そのころ、頼芸は美濃国にいた。この頼芸と頼純は史料によって伝えられている内容に違いがあり、1542（天文11）年ごろに尾張国へ亡命したのは頼芸ではなく頼純とする説もある。その場合、前述の加納口の戦いは道三・頼芸陣営と織田・朝倉・頼純陣営の争いとなり、道三と頼芸は協力し合っていたことになる。いずれにせよ、織田との和睦が成立したことで頼芸は用済みとなり、1552（天文21）年に道三によって追放された。

こうして道三は名実ともに美濃国の主となる。道三の生年は確定していないが、有力視されている1494（明応３）年説にのっとれば59歳のときだ。なお、道三は1554（天文23）年に出家し、それまでの利政から道三に名を改めている。

見下していた息子に敗れる

1553（天文22）年、道三と信長の会見が正徳寺（名古屋市）で行われた。これが両者の初対面である。信長は正徳寺に入る際にはうつけの身なりをしていたが、会見には礼式にのっとった正装で臨み、道三をおどろかせた。会見終了後、道三は家来に「わしの息子たちは、あのうつけの門前に馬をつなぐことになる（信長の家来になる）であろう」と話したという。

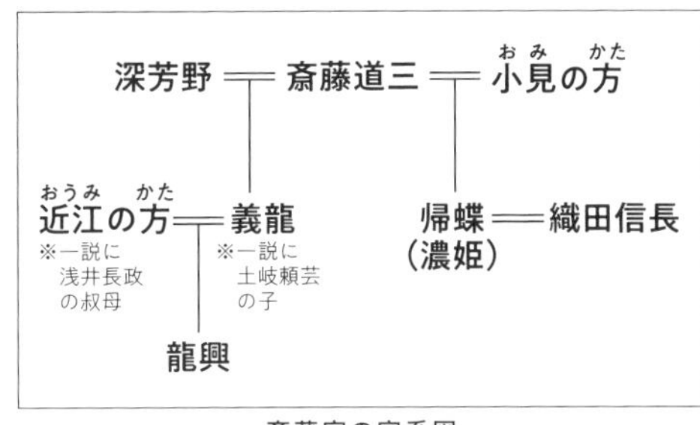

斎藤家の家系図

この逸話は、道三が信長の器量を認める一方で、義龍を低く評価していたことを示している。一方の義龍も父に対して複雑な感情を抱いていた。その背景の一つに義龍の出自がある。一説に母の深芳野は、道三に嫁いだときにはすでに妊娠しており、当時から義龍が道三の子ではなく頼芸の子との噂が立っていた。

親子の確執はやがて戦に発展し、２人は1556（弘治２）年に長良川のほとりで激突する（長良川の戦い）。かつての主君、土岐頼芸の子かもしれない義龍の下には多くの兵が駆けつけ、その数はおよそ１万7000。対する道三の下には2500程度しか集まらなかった。

報せを受けた信長の援軍も間に合わず、道三は討ち死にした。息子の見事な采配を目の当たりにし、見下していたことを後悔しながらの最期であったと伝わる。

斎藤家の当主となった義龍は信長の侵攻を寄せつけなかったが、1561（永禄４）年に35歳で病死した。家督を受け継いだ義龍の嫡男・龍興は、1567（永禄10）年に稲葉山城を落とされると、越前国の朝倉家のもとに逃れた。

朝倉家の客将となった龍興は、1573（天正元）年に行われた信長の越前国への侵攻の際に討ち死にした。斎藤家の家来だった武将に討ち取られたとも伝わる。大名としての斎藤家は３代で滅亡した。

美濃国を手に入れた信長は、稲葉山城の名を岐阜城と改めた。「天下布武」の印判（判子）を使い始めるのはこれ以降のこと。岐阜城は信長の天下取りの起点となったのである。

なお、道三には義龍以外にも複数の息子がいたが、そのうちの何人かは道三の予言どおり、信長の家来になっている。

豆知識

1. 道三が乗っ取る前の斎藤家の家紋は植物の撫子を模したものだったが、道三は波を模した「二頭立浪」と呼ばれる家紋に改めた。道三自身がデザインしたという。
2. 道三は信長を高く評価し、美濃国をゆずるという書状を信長に送っている。自分の末子に宛てた遺言状にも「美濃のことは信長に任せた」と書いている。

晩年まで戦に明け暮れた
朝倉家最強の武将

朝倉宗滴

◆生没／1474(文明6)年もしくは1477(文明9)年～1555(天文24)年
◆タイプ／根っからの武人

ポイント

1. 謀反のくわだてを密告し主君から信頼を得る。
2. 30倍もの数の敵をはね除ける!?
3. 軍奉行として朝倉家に全盛期をもたらす。

スキル

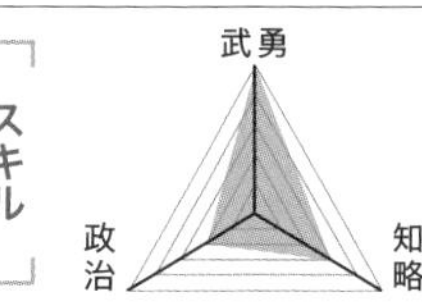

謀反を防いで信頼を得る

越前国（現在の福井県北東部）の一乗谷（福井市）を拠点に栄えた朝倉家は、もとは同国の守護を務める斯波家の家来だったが、第７代当主の孝景が応仁の乱の混乱に乗じて守護の座を奪った（異説あり）。

戦国時代初期の名将である朝倉宗滴は、この孝景の八男として、1474（文明6）年もしくは1477（文明９）年に生まれた。宗滴は出家後の名前であり、本名は教景という。この名は第５代当主の曾祖父と同じで、第６代当主である祖父の家景と父の孝景も「教景」を名乗っていた時期があることから、宗滴は八男（末弟）でありながら後継者候補として育てられた可能性がある。しかし、父の孝景が死んだときに宗滴はまだ年端もいかない子どもであり、長兄の氏景が家督を継いでいる。

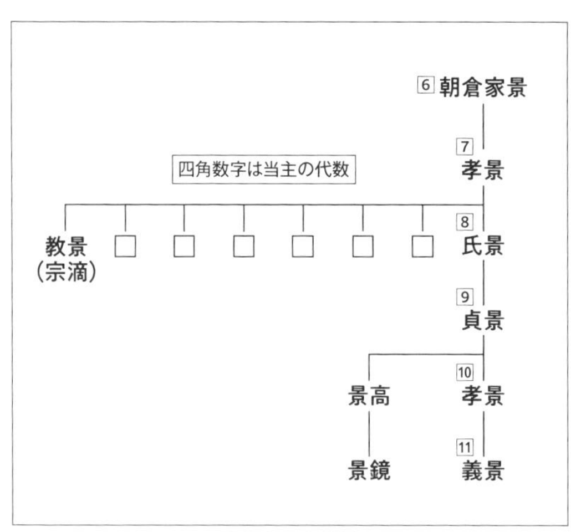

朝倉家の家系図

宗滴の言葉をまとめた『朝倉宗滴話記』によれば、幼少期の宗滴は無礼な振る舞いが多く、父を心配させたという。また、食事の作法について母から注意されることもあったらしく、年相応のヤンチャ坊主だったことがうかがえる。なお、ここで取り上げる宗滴の言葉の出典はすべて『朝倉宗滴話記』にもとづく。

氏景が若くして死去すると、その嫡男の貞景が新たな当主となった。1503(文亀3)年、宗滴の兄や義兄たちはこの貞景への謀反をたくらみ、宗滴にも話を持ちかける。宗滴は悩んだ末に出家し、謀反の計画を貞景に通報した。宗滴と名乗るようになったのはこのときからだ。

この功績により、宗滴は敦賀（福井県敦賀市）の領地を管理する敦賀郡司の職が与えられ、金ヶ崎城の城主となった。その後は朝倉家の重臣として貞景、孝景(宗滴の父とは別人)、義景の3代にわたって当主を支えていく。

一向一揆の大軍を奇襲で撃破

宗滴の名が近隣諸国にとどろくきっかけとなったのが、一向一揆の侵攻をはねのけた1506（永正3）年の九頭竜川の戦いだ。一向一揆とは、一向宗（浄土真宗本願寺派）の門徒が起こした一揆のことで、「一揆」は戦闘・破壊行為だけでなく、それを行う集団そのものを指す言葉としても使われる。

話は15世紀後半にさかのぼる。越前国の隣の加賀国（現在の石川県南部）では、守護の富樫政親が一向一揆に敗れて自害した(長享の一揆)。富樫家はその後も守護の地位にあったが実権はなく、加賀国は一向一揆が支配する、いわゆる「百姓の持ちたる国」となる。一向一揆は勢力を拡大すべく能登国（現在の石川県北部）や越中国（現在の富山県）に侵攻し、やがて越前国にも押し寄せたため、宗滴はこれを迎え撃つことになった。

朝倉軍の兵数は1万前後で、一向一揆軍は30万以上と伝わる。一向一揆軍はかなり盛られた数字と考えられるが、それでも朝倉軍が数において圧倒的に不利だったのは間違いないだろう。

両陣営は越前国内を流れる九頭竜川を挟むように布陣した。宗滴は「敵の大軍に味方の小勢、待つよりも打って出るべし」との言葉を遺しており、この戦いでも先手を取るべく奇襲を仕掛けた。

宗滴は1万のうち約3000の兵をみずから率い、夜の闇にまぎれて川を渡った。

このとき、騎馬兵が川上を渡ることで水の流れをせき止め、歩兵が川下を渡るのを容易にしたという。予期せぬ攻撃に一向一揆軍はたちまち総崩(そうくず)れとなり、合戦は朝倉軍の勝利に終わった。

和睦の仲介で生まれた浅井との絆

一躍その名を知られるようになった宗滴は、これ以降も現在の福井県南西部、京都府、滋賀県、岐阜県などで行われた合戦に参戦し、ことごとく勝利を収めた。幕府の要請に応じて参戦した合戦も多く、宗滴は朝倉家の威信を高めた。

宗滴は敦賀郡司だったが、領国の支配といった内政にはほとんど関わっていなかったようだ。もう一つの役職である軍奉行（軍事の責任者）のほうが宗滴の本分であり、「たとえ犬畜生と呼ばれようが、どんな手を使ってでも武士は勝たねばならない」などの言葉を遺している。

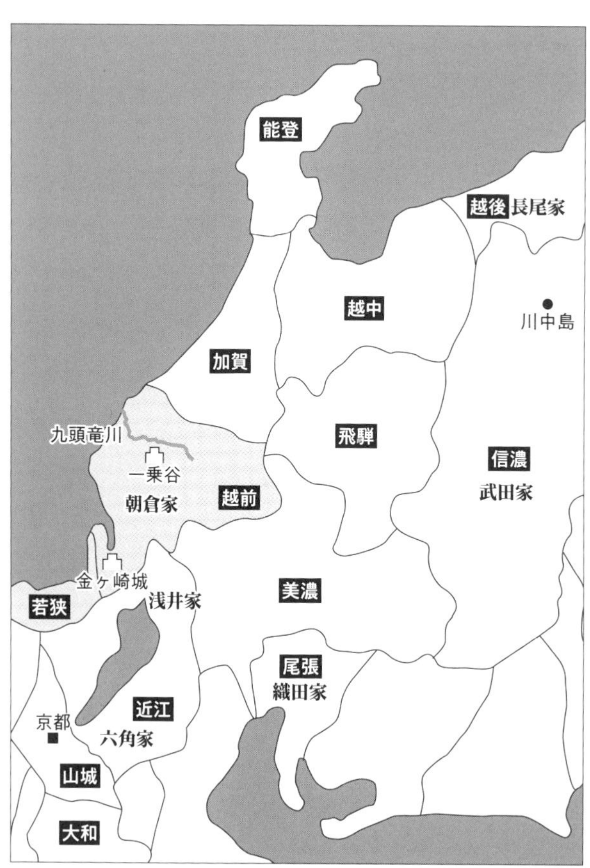

朝倉家を中心とした勢力図

また、宗滴は戦闘指揮官だけでなく、外交官としてもすぐれた手腕を発揮している。1525（大永(だいえい)5）年、ともに近江(おうみ)国（現在の滋賀県）の武家である六角(ろっかく)家と浅井(あざい)家が衝突した際には、宗滴は両家の調停役を務め、和睦(わぼく)に導いた。**浅井家にとって朝倉家は恩人であり、この絆(きずな)はのちの**

浅井長政の決断に大きな影響を与えている（30ページ参照）。

1533（天文２）年、朝倉家の最後の当主となる義景が生まれる。今日では凡庸との評価が定着している義景だが、宗滴にとっては大切な若君であり、「天下を取って義景様を上洛させる策を考えているうちに夜が明けてしまう」と語っている。

老齢ながら１日３城を攻め落とす

「100歳になっても歩けるうちは、武者であることを捨てたくない」との言葉も遺している宗滴は、晩年にあっても戦に明け暮れており、1555（天文24）年には信濃国（現在の長野県）に出兵する長尾景虎（のちの上杉謙信）の要請を受けて、加賀一向一揆の拠点である加賀国に侵攻した。80歳前後の高齢の身ながら、わずか１日で３つの城を落とすなど采配は衰え知らずだったが、その最中に倒れてしまう。一乗谷にもどった宗滴は回復することなく息を引き取った。

当時、景虎は川中島で武田晴信（のちの武田信玄）とにらみ合っていたが（第二次川中島の戦い）、宗滴の死を知るとすぐに帰国し、一向一揆軍の襲来に備えた。宗滴の死は長尾家にも影響を与えたのである。

宗滴は死の直前、「あと３年生きながらえて、上総介の今後を見届けたかった」と話したという。上総介とは織田信長のことだ。**宗滴が没した1555年はまだ桶狭間の戦いが行われる前で、信長は尾張国（現在の愛知県西部）の統一すら果たしていない。宗滴は人の才能を見抜く眼力も備えていたといえる。**

宗滴という御家の要を失った朝倉家はその後、勢力を拡大していた織田家と敵対関係になり、1573（天正元）年には朝倉家の拠点である一乗谷に織田軍が押し寄せてくる。義景は逃れるも、身内でありながら信長と通じていた朝倉景鏡の裏切りにあい、自害に追い込まれる。こうして朝倉家は滅亡した。宗滴が高く評価した信長によって朝倉家が滅ぶのは、何とも皮肉な話である。

豆知識

1. 宗滴は他国の情勢にくわしく、同時代を生きた武将を独自に評価している。人使いのうまい武将として、今川義元、武田信玄、三好長慶、上杉謙信、毛利元就、織田信長らの名を挙げている。
2. 初陣以来、ほとんどの合戦で負け知らずだった宗滴は、「大敗北を経験してこそ名将になれる。自分は勝ち戦ばかりだったので名将ではない」と、謙遜とも自慢とも取れる言葉を遺している。

5 日目

信長に愛され、裏切った
近江国の若き君主

浅井長政

◆生没／1545（天文14）年～1573（天正元）年
◆タイプ／決断力に富む

ポイント

1. 父を隠居させて大名として独立する。
2. 信長に一目置かれ、その妹と結婚する。
3. 朝倉家に味方して信長を裏切り、苦しめる。

スキル

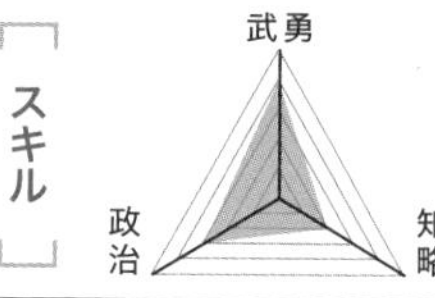

初陣で倍以上の軍勢を打ち破る

16世紀初頭の近江国（現在の滋賀県）では、北半分を京極家、南半分を六角家が支配し、たがいに守護の座を争っていた。のちに近江国の戦国大名となる浅井家はもともと京極家に仕える国人領主だったが、浅井長政の祖父にあたる亮政の代に京極家の実権を握る。しかし、その後は六角家に押され、亮政の跡を継いだ息子の久政は六角家に従った。

長政は、この久政の嫡男として1545（天文14）年に生まれた。六角家当主の義賢への服従の証しとして当初は賢政と名乗り、六角家の家来の娘を妻としていた。

浅井家中には六角家に従うことに不満を唱える家来も多く、長政はそうした家来たちに後押しされる形で1560（永禄3）年、16歳のときにクーデターを起こす。父の久政を強制的に隠居させ、みずから当主の座に就いたのである。

その前年には妻と離婚しており、六角家への対抗姿勢もあらわにしている。家督を継いだ直後にはおよそ1万の兵を率い、総勢約2万5000の六角軍と戦った。**この野良田の戦い（滋賀県彦根市）が長政の初陣であり、勝利した浅井家は北近江の大名として独立を果たす。**翌1561（永禄4）年には賢政の名を返上し、長政と改名した。

信長と同盟を結んでその妹をめとる

わずか16歳、しかも初陣で倍以上の軍勢を破った長政の武名は、尾張国（現

在の愛知県西部）の大名である織田信長の耳にも届いた。当時の信長は斎藤龍興が治める美濃国（現在の岐阜県南部）を攻めており、美濃国と接する北近江の浅井家と手を組もうと動き出す。斎藤家と六角家が連携して北近江に攻めてくることもあり、長政にとっても織田家との同盟は渡りに船だった。

浅井家の領地と周辺勢力

正確な時期は不明だが、両家の同盟は1567（永禄10）年前後に成立したと見られている。**力関係で上位に立っていたのは織田家で、その場合は浅井家から人質を差し出すのが普通だが、信長は可愛がっていた妹のお市を長政に嫁がせた。**加えて、結婚にかかる費用も全額、織田家が負担したという。この同盟は信長にとって、それほどまでに重要だったのである。

長政とお市の夫婦仲は非常によく、1569（永禄12）年から1573（天正元）年にかけて３人の娘をもうけた。なお、長政には少なくとも２人の男子がいたが、いずれも母親は不明で、お市との子どもではないと見られている。

長政はなぜ信長を裏切ったのか

そのころ、京都では室町幕府第13代将軍・足利義輝が家来に暗殺され、弟の義昭が放浪の身となっていた。美濃国を制圧した信長は、この義昭を保護して上洛した。長政も信長に協力しており、２人は1568（永禄11）年８月に佐和山城（滋賀県彦根市）で、上洛時に障害となる六角家への対応などについて話し合っている。浅井軍と織田軍はその後の観音寺城の戦い（滋賀県近江八幡市）に勝利し、六角義賢を敗走させた。

上洛を果たした信長は義昭を将軍の座に就け、自身はその後ろ盾として政治の実権を握った。1570（元亀元）年、信長は自分に従わない越前国（現在の福井県北東部）の大名・朝倉義景を討つべく、総勢３万の軍勢を率いて越前国に侵攻した。

このとき、浅井家の本城である小谷城（長浜市）にいた長政は、信長ではなく、朝倉家に味方する決断を下した。寝返りの理由は今なお不明だが、同盟を結ぶ際の条件として、信長が朝倉家を攻めるときには長政に相談する取り決めがあったという。しかし、信長は独断で朝倉攻めを決めた。長政の祖父・亮政はかつて六角家と争った際に朝倉家の重臣・朝倉宗滴に助けられたことがあり（26ページ参照）、**祖父の代から続く両家の絆を寝返りの理由とする説が有力だ。**

加えて江戸時代の文献によれば、浅井家中には「朝倉が滅んだあとは浅井が信長の標的になる」との不安感があり、とくに長政の父である久政が信長との同盟の破棄を強く主張していたという。

信長は落としたばかりの金ヶ崎城（福井県敦賀市）で義弟の謀反を知った。一説に、小谷城のお市から両端を縛った小豆袋が届き、自身が袋の鼠、つまり浅井・朝倉軍に挟まれていることを知ったという。信長は撤退し、からくも京都へ逃れた（金ヶ崎の退き口）。

信長も謀反の原因についてはまったく心当たりがなく、中国地方の大名・毛利元就に送った書状には**「浅井とは心の隔たりなくつき合ってきたのに、思いがけず理不尽なことになった」**と書き記している。

包囲網の一角として信長を苦しめる

こうして信長と決別した長政は、その後は数度にわたって織田軍と戦火を交える。当時はすでに信長と足利義昭の関係は破綻しており、義昭が主導する、いわゆる信長包囲網に長政も加わった。

朝倉軍と連携して臨んだ1570年７月の姉川の戦い（長浜市）では信長と徳川家康の連合軍に敗れたが、同年10月から近江国の志賀（大津市）で行われた合戦では、約３カ月間にわたって信長を苦しめた。志賀の陣と呼ばれるこの合戦では、比叡山延暦寺（大津市）が浅井・朝倉軍に協力しており、織田軍による翌年の比叡山焼き討ちの原因にもなっている。

信長は1573（天正元）年に約３万の大軍を率いて浅井領である北近江へと侵攻した。朝倉義景は約２万の援軍を率いて近江国に向かったが、浅井家の劣勢は動かしがたく、越前国へと退却してしまう。これを追撃した織田軍は朝倉家の本拠地である一乗谷（福井県福井市）にも雪崩れ込み、朝倉家は滅亡した。

近江国にもどってきた織田軍が小谷城を包囲すると、長政は降伏勧告を拒んで自害した。まだ29歳だった。嫡男の万福丸は家来に連れられて小谷城を脱出するも、捕らえられたのちに処刑され、大名としての浅井家は滅亡した。信長は長政、久政、義景の頭蓋骨に金箔を施し、翌年正月の酒宴で披露したという。一説に頭蓋骨を盃にして酒を飲んだとも伝わるが、それは後世の創作と見られている。

お市と３人の娘は、小谷城が落城する際に織田家に引き渡された。お市は信長の死後に織田家重臣・柴田勝家に嫁ぎ、勝家が羽柴秀吉に敗れると夫とともに自害することになる（39ページ参照）。

お市の死後、３人の娘たちは秀吉に保護された。長女の茶々（淀殿）は秀吉の側室となって豊臣秀頼を生み、二女の初は浅井家のかつての主君である京極家に嫁ぎ、三女の江は徳川家康の三男で江戸幕府第２代将軍となる秀忠に嫁ぎ、第３代将軍・家光の生母となった。**長政の血は娘たちを通じてさまざまな大名家に受け継がれていったのである。**

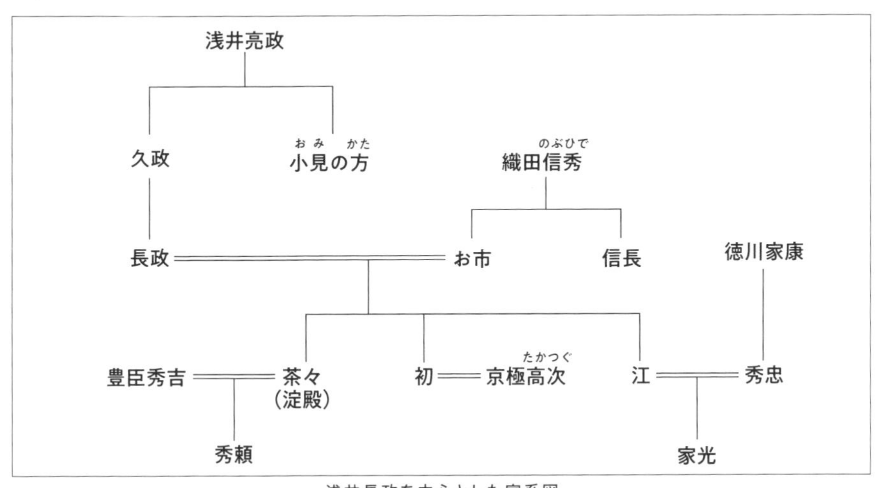

浅井長政を中心とした家系図

豆知識

1. 長政の身長は約180㎝、お市は約165㎝と見られており、２人とも当時としては背が高かった。お市は戦国時代一の美女として名高く、長政も美男子だったらしい。
2. 江は徳川秀忠と結婚する前、豊臣秀吉の甥で養子の秀勝に嫁ぎ、娘の完子をもうけた。完子は公家の九条家に嫁ぎ、その血筋は現在の皇室にもつながっている。

6 日目

多くの謎に包まれた謀反人
明智光秀

◆生没／1528（享禄元）年？～1582（天正10）年
◆タイプ／冷静沈着

ポイント

1. 若いころは医者だったかもしれない!?
2. 比叡山の焼き討ちに積極的に加担していた。
3. 文武両道の万能武将だが人望は薄い。

スキル

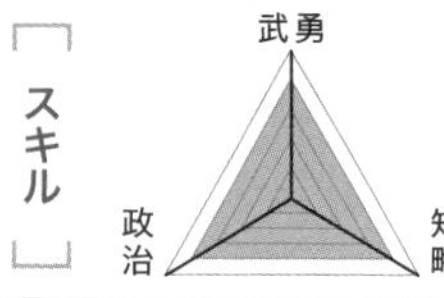

新史料が伝える若き日の姿

本能寺の変の首謀者であり、「謀反人」の代名詞とも呼べる明智光秀は最も有名な戦国武将の１人だが、前半生は多くの謎に包まれている。生年にもさまざまな説があり、有力な1528（享禄元）年説にのっとれば、主君である織田信長の６歳年上ということになる。

明智氏は美濃国の守護を務めていた土岐氏の流れをくむ一族と見られている。江戸時代に書かれた軍記物語などによれば、光秀は土岐家を追い落とした斎藤道三に仕えていたが、1556（弘治２）年に道三が息子との戦いで敗死すると、諸国放浪ののち越前国（現在の福井県北東部）の大名・朝倉義景に仕える。その後は、家来に暗殺された室町幕府第13代将軍・足利義輝の弟である足利義昭の家来となり、義昭と信長を引き合わせた。

この光秀の来歴に関しては、2014（平成26）年に発見された古文書により新たな可能性が浮上している。室町幕府の重臣だった細川家の家老の家に伝わる古文書によれば、光秀は1566（永禄９）年ごろに近江国（現在の滋賀県）の田中城（高島市）に籠城していたという。田中城は幕府に味方する勢力の城で、1563（永禄６）年の足利将軍の家来の名簿とも呼べる史料にも「明智」の名字が見える。**つまり、当時の光秀はすでに朝倉家ではなく幕府の家来になっていた可能性がある。**

ちなみにこの細川家家老の古文書は医薬書であり、光秀が田中城での籠城中に医術や薬について語った内容がまとめられている。朝倉家で使われる薬についてもふれられており、**近年では幕府に仕える前の光秀が、医者として朝倉家に仕えていた可能性も指摘されている**。

文武両道の万能武将

幕府の家来としての光秀は、細川藤孝（幽斎）の部下という立場だった。藤孝と光秀の尽力で義昭は信長の後ろ盾を得ることに成功し、第15代将軍となる。

当時の光秀は幕府と織田家の双方に属し、京都の奉行として公文書の発行などを行っている。戦闘指揮官としても優秀であり、1570（元亀元）年に織田軍が朝倉・浅井両軍に挟まれた際の撤退戦である金ヶ崎の退き口（福井県敦賀市）では、木下藤吉郎（のちの豊臣秀吉）らとともに殿（退却時に軍の最後尾を担当する部隊）を務め、信長の生還に貢献した。加えて、光秀は連歌（五・七・五の上の句と七・七の下の句を、複数人で交互に詠み合う詩歌の形式の一つ）をたしなむなど文化人としての教養も備えており、万能の武将だった。

織田家と朝倉・浅井両家の対立は続き、信長は1571（元亀２）年に両家に協力的な比叡山延暦寺（滋賀県大津市）を焼き討ちにする。後世の文献のなかには、光秀が焼き討ちに反対していたとするものもあるが、近隣の領主に宛てた書状には「仰木は必ず撫で斬りにしなければならない。いずれそうなるであろう」と書き記している。仰木（滋賀県大津市）は延暦寺に従う勢力の土地であり、光秀は実際には信長の方針を後押しし、積極的に加担していたと見られている。

この焼き討ちののち、光秀には信長から近江国志賀郡（現在の大津市）の領地が与えられ、琵琶湖の南岸に坂本城を築いた。その規模はのちに信長が築く安土城（滋賀県近江八幡市）に次ぐものであり、非常に豪華な城であったという。

光秀は志賀郡の領主としては、落ちぶれた延暦寺の領地を次々に没収している。その際、延暦寺と無関係の寺の土地を横領するトラブルを起こし、正親町天皇から返還を命じられることもあった。

日本の中心・近畿の統治を担う

義昭と信長の仲は政権運営をめぐる方針の違いからすでに悪化しており、

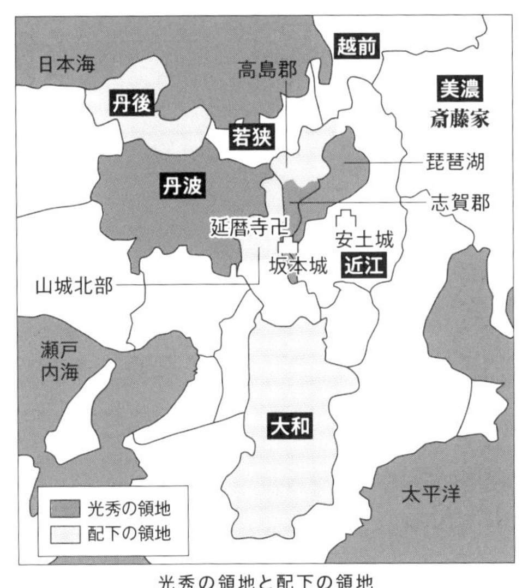

光秀の領地と配下の領地

1573（元亀４）年に義昭が信長に対して兵を挙げたのをきっかけに、光秀は義昭との主従関係を解消する。織田軍に敗れた義昭は京都から追放され、室町幕府は滅亡した。

その後は織田家専属の家来として、越前一向一揆（福井県北東部）との戦いなどに加わっていた光秀は、1575（天正３）年から丹波国（現在の京都府中部、兵庫県北東部、大阪府の一部）の平定を信長に命じられる。

国人領主（大名よりも規模の小さい領主）たちの激しい抵抗に手を焼きながらも光秀は1580（天正８）年に丹波国を平定し、その領有を信長から認められる。かつての上司で当時は丹後国（現在の京都府北部）を治めていた細川藤孝と息子の忠興（光秀の娘婿）、大和国（現在の奈良県）を治めていた筒井順慶らも、大名でありながら光秀の配下に組み込まれており、光秀は畿内（現在の京都府、大阪府、奈良県、兵庫県の一部）全体の統治を任されていたといえる。

光秀は本能寺にいなかった？

このように信長は光秀に全幅の信頼を寄せていたが、一方の光秀も信長を崇拝していた。たとえば、光秀が明智軍団をまとめるために制定した『家中軍法』には、自身を拾ってくれた信長への感謝と、今後の忠誠を誓う言葉が記されている。しかし、その良好な関係は間もなく終わりを迎える。

1582（天正10）年６月、中国地方で苦戦していた秀吉に加勢せよとの命令が光秀にくだる。準備を整えた光秀はおよそ１万3000の兵を率いて丹波亀山城（京都府亀岡市）を出たが、西ではなく京都に向かった。

同月21日の未明、明智軍は信長が宿泊していた本能寺を襲撃すると、信長を自害に追い込んだ。その後は同じく京都に滞在していた信長の嫡男・信忠も討ち果たし、謀反は一応の成功を見る。

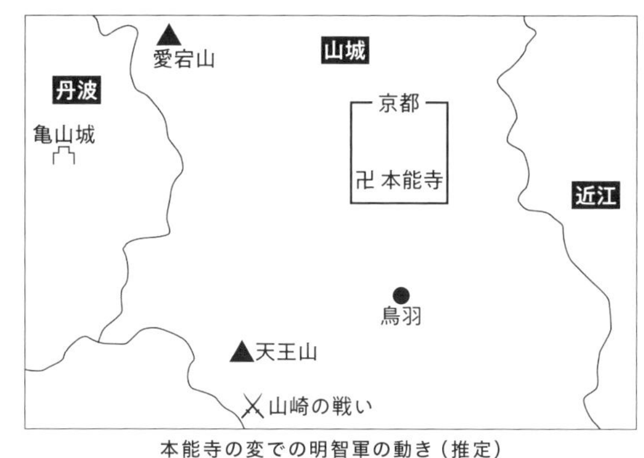

本能寺の変での明智軍の動き（推定）

なお、この本能寺の変に関しても近年、新たな発見があった。古文書によれば、本能寺への襲撃を現場で指揮したのは光秀の重臣である斎藤利三と明智秀満であり、光秀自身は本能寺から約8km南に離れた鳥羽（京都市）の地に控えていたという。

光秀が謀反におよんだ原因としては、自身に天下取りの意志があったとする野望説や、信長の横暴に耐えかねたとする怨恨説などがあるが、いずれも同じ時代の史料による裏づけがなく、定説と呼べるものはない。計画的だったのか突発的だったのかについても不明だ。

本能寺の変ののち、光秀は織田家諸将との決戦に備えて軍勢の増強を図る。しかし、細川家や筒井家は光秀に味方することを拒んだ。天王山（京都府大山崎町）の麓で、羽柴秀吉（木下藤吉郎から改名）が率いる約4万の大軍と対峙したとき、明智軍は1万6000程度であり、この山崎の戦いは秀吉が勝利した。戦場から離脱した光秀は再起を図ろうと坂本城へと向かうが、その途中で落ち武者狩りに襲われ、命を落とした。

宣教師のルイス・フロイスは光秀について、**「裏切りや密会を好む」「人をあざむくために72の方法を体得していた」**などと自著に書き記している。細川親子や筒井順慶が味方しなかったことからもわかるように、人望は薄かったのかもしれない。

豆知識

1. 山崎の戦いでは標高270mの天王山も戦場となった。スポーツの決勝戦などで使われる「天王山の戦い」はこの合戦に由来する。「三日天下」も光秀に由来する言葉だが、実際には11日間の天下であった。
2. 光秀は丹波国の亀山や福知山（京都府福知山市）では領民に慕われていた。領民の負担軽減のために税金を免除し、洪水被害を防ぐための町づくりにも尽力。福知山市の御霊神社には光秀が祀られている。

7 日目

「鬼」と恐れられた
織田軍団随一の猛将

柴田勝家

◆生没／1522（大永2）年～1583（天正11）
◆タイプ／生真面目で愚直

ポイント

1. 当初は信長の弟を支持して謀反を起こす。
2. 領国では民衆のための政策を行う。
3. 信長の亡きあとは同僚の秀吉と争う。

スキル

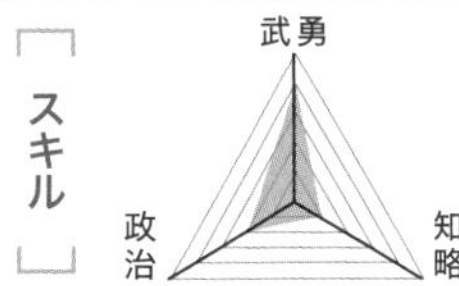

1000の兵で信長に襲いかかる

「木綿藤吉、米五郎左、掛かれ柴田に、退き佐久間」――これは江戸時代の書物に記されている歌で、織田信長の４人の重臣をそれぞれの特徴とともにうたっている。

丈夫で使い勝手の良かった羽柴秀吉（藤吉郎）は木綿に、どんな任務でもそつなくこなし、織田家に欠かせない存在だった丹羽長秀（五郎左）は米にたとえられた。「退き佐久間」は退却戦を得意にしていた佐久間信盛のことだ。そして織田家最強の武将である柴田勝家は、戦場で猛然と敵陣に向かっていく様子から「掛かれ柴田」とうたわれた。

勝家は1522（大永２）年に尾張国愛知郡上社村（現在の愛知県名古屋市）で生まれたと伝わる。父親や祖先についてはよくわかっていない。通称は権六郎で、ドラマなどでは信長が「権六！」と呼びつけるシーンがたびたび描かれている。

ただし、若いころの勝家は信長ではなく、その弟の信勝に仕えていた。**「うつけ（馬鹿）」と呼ばれた信長に対し、折り目正しい“貴公子”の信勝こそ織田家の跡継ぎにふさわしいと考える家来も多く、勝家もその１人だった。**

信勝自身にも当主の座に対する野心があり、父である信秀の死後に家督が信長に受け継がれると、重臣の勝家らとともに反信長の兵を挙げた。1556（弘治２）年に行われたこの戦いで、勝家はおよそ1000人の兵を率いて信長軍と激突したが、信長に恫喝されると多くの兵が逃げ出してしまったという。結局、この謀反は失敗に終わり、罪を許された勝家は信長への忠誠を誓った。

信勝は自身と信長の生母である土田御前の嘆願により助命されたが、当主の座への野心は捨てがたく、2年後に再び謀反をくわだてる。しかし、勝家はすでに信勝を見限っており、このくわだてを信長に密告した。信勝は病気と偽った信長におびき出され、討ち取られてしまう。

こうして織田家は信長の下で一つにまとまった。勝家は、駿河国（現在の静岡県中部）と遠江国（現在の静岡県西部）の守護大名である今川義元との桶狭間の戦い（愛知県名古屋市もしくは豊明市）や、美濃国（現在の岐阜県南部）の大名である斎藤家との戦いには参加していないが、その後は重く用いられ、畿内の平定を目指す信長の合戦のほとんどに参加している。

城の修復より荒れた農村の復興を優先

そんな勝家の猛将ぶりがいかんなく発揮されたのが、1570（元亀元）年に近江国（現在の滋賀県）で行われた長光寺城の戦い（近江八幡市）だ。信長に奪われた近江国南部の奪回をねらう守護の六角義賢は、勝家が守る長光寺城を包囲した。六角軍の兵数は約8000、柴田軍は信長からの援軍を加えて2000程度と伝わる。

飲み水の水源はすでに六角軍に押さえられており、城内は水不足におちいっていた。**覚悟を決めた勝家は、残りの水瓶をみずからたたきわって退路を断ち、戦に勝つ以外に生き残る道はないことを将兵に示した。**猛然と城を出た柴田軍は六角軍の包囲を打ち破り、その後の勝家は「瓶割り柴田」「鬼柴田」と呼ばれるようになる。ただし、後世の作り話ともいわれている。

その後も数々の合戦で武功を挙げた勝家は、1575（天正３）年からは越前国（現在の福井県北東部）の一向一揆との戦いに加わる。ここでは一向宗の農民を敵対する宗派に転向させる工作なども行っており、勝家が必ずしも力押し一辺倒の武将ではなかったことがうかがえる。

信長は約３万の兵を動員して一向一揆を鎮圧し、その後の越前国の支配を勝家にゆだねた。勝家は越前国の８郡を治める大名となり、拠点を北ノ庄城（福井市）に置いた。

新しい領主としての当面の課題は、城の建造と修築、城下町の建設、そして荒れ果てた農村の復興だ。それぞれ相応の人員を要するが、勝家は「必要な人員の募集は勝家の印判（判子）のある書状をもって行うこと」「百姓は新たに誰かの家来になってはいけない」といった掟を設けている。**この掟書の第一条には「何よりも百姓が耕作に専念できるようにこうした掟を設けるのである」と書いており、勝家は城の建造よりも農村の復興を優先していた。**加えて、新田開発や新しい道路の敷設なども行っており、勝家には民のことを重んじる一面もあった。

北陸を平定して織田家の筆頭家老に

織田家の軍団長としての課題は北陸の平定であり、勝家は配下の前田利家や佐々成政らとともに、1580（天正８）年に加賀国（現在の石川県南部）の平定を成し遂げる。加賀国は15世紀後半から100年近くにわたって一向門徒による支配が続いていたが、ついにその自治が終わりを迎えたのである。

同年には勝家より格上の佐久間信盛が、目立った手柄を挙げられなかったことを理由に織田家から追放される。これにより、勝家は織田家重臣の筆頭となった。

勝家は加賀国や能登国（現在の石川県北部）、越中国（現在の富山県）の支配をめぐって、越後国（現在の新潟県）の大名である上杉家とも戦火を交えている。1577（天正５）年の手取川の戦い（石川県白山市）では上杉謙信に大敗してしまうが、謙信の死去後に行われた1582（天正10）年の魚津城の戦い（富山県魚津市）では柴田軍が上杉軍を破った。

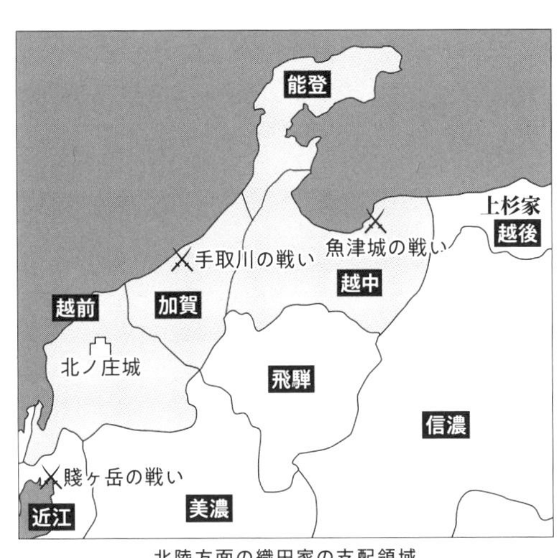

北陸方面の織田家の支配領域

そして、この魚津城の戦いの最中に京都で本能寺の変が起こり、信長とその嫡男の信忠が明智光秀に討たれた。**上杉軍を抑えなければならない勝家はしばらく北陸から動けず、主君の仇討ちという手柄は秀吉に奪われ**

てしまう。

夫婦になったお市とともに自刃

織田家の今後を決める清洲会議（愛知県清須市）は、いずれも重臣である勝家、秀吉、丹羽長秀、池田恒興の４人の参加で行われた。信長の三男である信孝を後継者に推す勝家に対し、秀吉は信忠の長男である三法師を推した。**長秀と恒興が秀吉側についたことで三法師が新たな当主に決まり、織田家中における勝家と秀吉の地位は逆転した。**

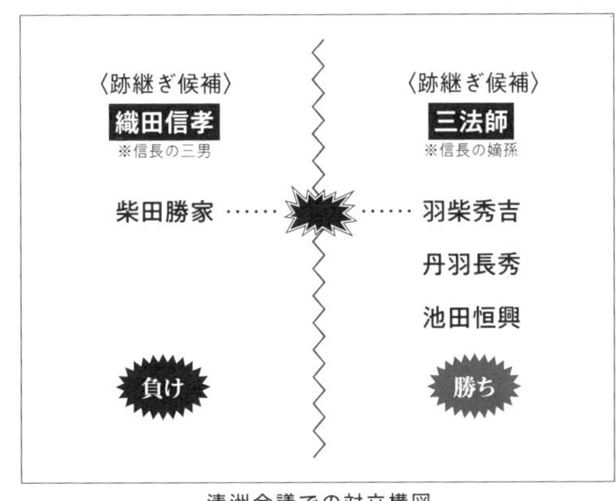

清洲会議での対立構図

この清洲会議では諸将の同意を得たうえで、勝家と信長の妹・お市との結婚も決まった。お市は近江国の大名である浅井長政に嫁いでいたが、浅井家の滅亡後は３人の娘を連れて織田家にもどっていた。今回の結婚は勝家が望んだものであり、秀吉はそれを認めることで勝家の不満を和らげようとした。

しかし、信長の葬儀などをめぐって２人の対立はその後も続き、1583（天正11）年に戦火を交えることとなる。この賤ヶ岳の戦い（滋賀県長浜市）は、勝家の部下だった前田利家の寝返りが決め手となり、秀吉が勝利した。

居城の北ノ庄城が羽柴軍に包囲されると、勝家は３人の義理の娘を羽柴方の使者に引き渡し、妻のお市とともに自害した。一説に、北ノ庄城に退却する途中に利家のもとを訪れ、これまでの忠勤への感謝を述べたという。人柄は実直そのものであった。

豆知識

1. 農民から武器を取り上げる「刀狩」は秀吉の政策として有名だが、それよりも早く勝家が越前国で実施している。勝家は一向門徒から取り上げた武器を打ち直し、農具などにつくり変えたという。
2. 勝家は61歳でお市と結婚したが、それまでに結婚歴はなく、お市が初めて迎えた妻だった。ただし、妻以外の女性との間に子どもがいたと見られている。

8日目

低い身分から
“天下人”となった傑物

豊臣秀吉

◆生没／1537（天文6）年～1598（慶長3）年
◆タイプ／世渡り上手

ポイント

1. 武力だけでなく知略も駆使してのし上がる。
2. 接した相手の心をつかむのがうまい。
3. 晩年は近親者や親しい者を粛清する。

スキル

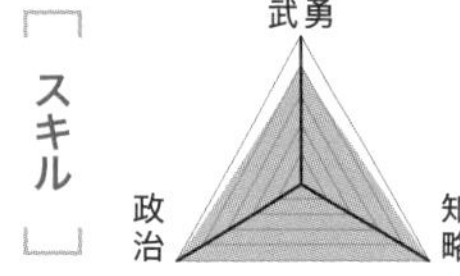

14歳で家出し、武士を目指す

低い身分から天下人（中央政権のトップ）にのぼりつめた豊臣秀吉の生涯は、江戸時代からさまざま軍記物語や伝記などでつづられてきた。ただし、低い身分の出身であるがゆえに若いころの経歴には不明な点も多い。これから紹介する出自もあくまで俗説の一つだ。

秀吉は尾張国愛知郡の中村（現在の愛知県名古屋市中村区）で生まれた。生年は1537（天文６）年とする説が最も有力視されている。

父の木下弥右衛門は百姓であり、織田信長の父である信秀の足軽でもあった。弥右衛門は秀吉が７歳のときに病死し、母のなか（のちの大政所）は信秀の同朋衆（絵画や茶道など芸事で武将に仕える人々の集団）だった竹阿弥と再婚する。しかし、秀吉はこの養父と折り合いが悪く、14歳で家を飛び出した。

針売りの行商で各地を放浪していた秀吉は、やがて駿河国（現在の静岡県中部）と遠江国（現在の静岡県西部）の大名である今川家の陪臣（家来の家来）に仕えるも短期間で辞し、1554（天文23）年から清洲城（愛知県清須市）の城主だった織田信長に仕える。冬に信長の草履を懐で温めた逸話はこのころのものだ。

1560（永禄３）年に起こった桶狭間の戦い（名古屋市もしくは豊明市）での秀吉の動向はわかっていないが、合戦が終わったのちに足軽を束ねる足軽組頭になったとされる。このときに弟の秀長が足軽として秀吉の配下に加わった。1561（永禄４）年には同じ足軽組頭の浅野家の養女・おね（のちの北政所）を妻に迎えている。このころから秀吉は木下藤吉郎を名乗るようになったという。

命がけの戦働きで一城の主に

秀吉は早くも知恵者として頭角を現す。清洲城の城壁の修繕工事を指揮した際には、百間（約180メートル）の城壁を十間ずつ区切り、それぞれ異なる職人たちに工事を分担させ、報酬に差をつけてその早さを競わせた。**前任の現場監督が20日かけても終わらなかった工事を、秀吉はわずか3日（1日という説もある）で終わらせたという。**このあたりの才覚は行商人をしているときに養われたものかもしれない。

信長が美濃国（現在の岐阜県南部）へ攻め入った際には、秀吉は長良川西岸の墨俣（岐阜県大垣市）に、現代でいうプレハブ工法を駆使して短期間で砦を築き上げた。この砦は「墨俣一夜城」と呼ばれているが、事実かどうかは疑わしい。

1570（元亀元）年に行われた越前国（現在の福井県北東部）の大名・朝倉家との戦いでは、秀吉は殿（退却時に軍の最後尾を担当する部隊）を務め、敵中で孤立した信長を京都まで生還させた（金ヶ崎の退き口）。姉川の戦いや小谷城攻め（ともに滋賀県長浜市）でも活躍した秀吉は、1573（天正元）年に長浜城（滋賀県長浜市）の城主となった。

名字を木下から「羽柴」に改めたのはこのころだ。織田家中の重臣で目上の丹羽長秀と柴田勝家から1文字ずつとった形だが、両者の顔を立てた、あるいは媚を売ったと見ることができるだろう。秀吉は人に取り入るのが上手く、後世において“人たらし”との評価も得ている。

謀反人を討って織田家中のトップに

順調に出世を重ねた秀吉は織田家中で重臣としての地位を築くと、1577（天正5）年からは、毛利家が勢力を張る中国地方の方面軍の司令官を任される。三木城（兵庫県三木市）と鳥取城（鳥取県鳥取市）に対しては兵糧攻めを、備中高松城（岡山県岡山市）に対しては水攻めの策を用いた。兵糧攻めでは砦を、水攻めでは巨大な堤防を築いて敵の城を囲う必要があり、加えて兵糧攻めでは周辺に出回っている米を買い占めなければならない。

土木や建築に対する秀吉の関心の高さは、若き日の清洲城の修繕工事などからもうかがうことができる。また、秀吉は多田銀銅山（兵庫県川西市など）の開発なども行っており、軍資金が豊富だった。**つまり、兵糧攻めと水攻めは秀吉だからこそ実行できた作戦といえる。**

三木城と鳥取城を攻略し、毛利家の武将が守る備中高松城を攻めている最中、秀吉のもとに予期せぬ報せがもたらされる。明智光秀の謀反による信長の死である。その後の秀吉の行動は素早く、即座に毛利家と和睦すると、全軍を率いて京都へと取って返した。世にいう「中国大返し」である。

道中で姫路城（兵庫県姫路市）に立ち寄った秀吉は、金蔵と米蔵を開放して将兵にばらまき、士気を高めた。また、近隣の領主に対しては、光秀に味方しないように「まだ信長様は生きている」と虚偽の書状を送って自分の味方につけた。**その結果、備中高松城を発つときに約２万人だった軍勢は約４万人にまでふくれ上がった。**光秀との戦いに勝利して主君の仇を討った秀吉は、織田家中において筆頭家老の柴田勝家と並ぶ地位を手にする。

織田家の今後を決める清洲会議では、信長とともに討たれた嫡男・信忠の子である三法師が新たな当主となった。この三法師を推したのが秀吉であり、織田家中における勝家と秀吉の力関係は逆転した。

この清洲会議で対立を深めた秀吉と勝家は1583（天正11）年の賤ヶ岳の戦い（滋賀県長浜市）で激突し、秀吉が勝利した。勝家は自害し、勝家に味方した信長の三男・信孝も自害に追い込まれた。こうして織田家は事実上、秀吉のものとなった。なお、秀吉は同年から大坂城の建設を開始し（1598年に完成）、のちに羽柴家の本拠地としている。

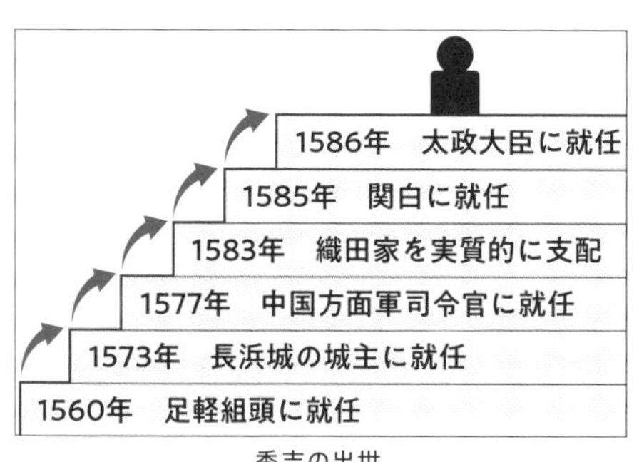

秀吉の出世

信長の二男・信雄はすでに秀吉に同調し、甥である三法師の後見役を務めていた。しかし、秀吉との仲はしだいに悪化し、信雄は徳川家康と同盟を結んで秀吉に対抗する。1584（天正12）年の小牧・長久手の戦い（愛知県小牧市・長久手市）

は半年以上におよぶ長期戦となったが、秀吉と信雄が和睦したことで、決着がつかないまま家康も兵を退いた。秀吉は信雄を再び支配下に置き、成長した三法師も織田秀信と名を改め、秀吉配下の大名となっている。

国内最大の大名となった秀吉は、朝廷にさまざまな工作を行い、1585（天正13）年には関白の官職を与えられる。**同時に従一位の位階も授かっており、官職と位階の双方で信長を超えたことになる。**翌1586（天正14）年には朝廷からたまわった「豊臣」の姓に改め、太政大臣の官職も得た。天皇から全国の統治をゆだねられたとして、みずからの統治を正当化したのである。

このころすでに家康は秀吉の家来となっており、四国の長宗我部家、九州の島津家、関東の北条家を相次いで降伏させた秀吉は、奥州（東北地方）の諸大名も従わせて1590（天正18）年に日本全国を平定した。

権力が人を変えた？ 暴走する天下人

こうして権力の頂点に上りつめた秀吉だが、1591（天正19）年２月に右腕と呼べる存在だった弟の秀長が死去すると、以後は人が変わったかのような言動が増えはじめる。豊臣政権では、茶道の師である千利休も重要な地位にあったが、秀吉は同年４月にその利休を切腹させた。くわしい理由は今なお不明だ。

同年９月には息子の鶴松を失うが、２年後には秀頼が誕生する。２人とも側室の淀殿（信長の妹・お市と浅井長政の娘）との子だ。秀吉は1592年２月（天正19年12月）に関白職を甥の秀次にゆずり、自身は太閤（関白の地位をゆずったあとの呼称）となるが、1595（文禄４）年に秀次を謀反の疑いで自害させた。秀頼が生まれたことで跡継ぎ候補の秀次が邪魔になったためともいわれている。

大陸進出にも意欲を見せる秀吉は、1592（天正20）年５月から朝鮮出兵（文禄・慶長の役）を実行に移すが、その最中の1598（慶長３）年に病で没した。秀頼の行く末をしきりに案じながらの最期であった。

豆知識

1. 秀吉は数多くの書状を遺している。特徴としては平仮名が多く、筑前守の官職を得ていたときは自分のことを「ちくせん」、太閤になったのちは「たいかう」などと署名している。
2. 秀吉の権勢の象徴とも呼べる「黄金の茶室」は1585（天正13）年につくられた。広さは３畳で、壁、天井などに金箔が貼られていた。折りたたんで持ち運ぶことができ、御所や北野天満宮などで使用された。

9 日目

“加賀百万石”の礎を築いた律儀者

前田利家

◆生没／1537（天文6）年～1599（慶長4）年
◆タイプ／律儀

ポイント

1. 信長を激怒させて織田家を追放される。
2. 上司と親友との板挟みにあい親友を選ぶ。
3. 家康を警戒しながらこの世を去る。

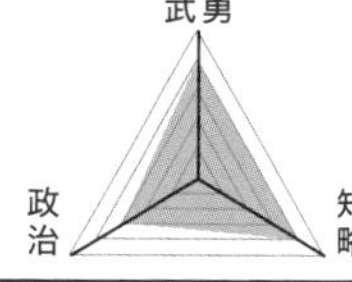

高身長のイケメン武将

江戸時代に100万石を超える石高を誇った加賀藩。この石高は徳川将軍家にはおよばないものの、大名のなかでは全国トップである。

その藩祖（初代藩主の父）である前田利家は1537（天文6）年、前田利春の四男として尾張国荒子村（現在の愛知県名古屋市）で生まれた（生年は諸説あり）。利春は織田弾正忠家（複数ある織田家のなかでも信長を出した家系）の家来であり、利家も1551（天文20）年ごろから織田信長に仕えた。利家は幼名を犬千代といい、信長は利家を犬と呼んで可愛がった。若いころの利家は派手な身なりを好む「かぶき者」であり、けんか早い性格であったと伝わる。

当時の信長は尾張国の統一を目指す戦いをくり広げており、利家はその一つである1552（天文21）年の萱津の戦い（愛知県あま市）で初陣を飾った。その後、元服した利家は前田又左衛門利家と名乗る。利家の身長は182cmほどあり（当時の男性の平均身長は160cm前後）、非常に見栄えのよい武将であったという。のちに「槍の又左」の異名をつけられるほど槍のあつかいに長けており、1558（永禄元）年には信長直属の精鋭部隊である赤母衣衆に抜擢された。

また、同年には従妹のまつを妻に迎えている。当時の利家の住まいと木下藤吉郎（のちの豊臣秀吉）の住まいは隣同士で、家族ぐるみのつきあいがあったという。赤母衣衆の利家は足軽組頭の秀吉よりも立場は格上だったが、2人は親友という間柄だった。

追放されても他家には仕えず

若くして数々の武功を挙げていた利家だったが、短気な性格が災いしたのか、1559（永禄２）年には信長お気に入りの茶坊主（来客の接待などをする人）を斬り殺す事件を起こす。同僚たちの取りなしで死罪は免れたが、織田家から追放されてしまう。

のちの利家は律儀者との評判を得るが、その片鱗はすでにこのころから見え始めている。浪人中は貧しい生活を送っていたが、利家は他家に仕えず、ひたすら信長の信頼を勝ち取る機会を待った。

信長に無断で参戦した1560（永禄３）年の桶狭間の戦い（名古屋市もしくは豊明市）でも利家は活躍したが、信長から許されることはなかった。それでも利家はあきらめず、織田家が美濃国（現在の岐阜県南部）に攻め込んだ際も浪人として従軍する。その合戦の一つである1561（永禄４）年の森部の戦い（岐阜県安八町）でも敵将を討ち取り、ようやく織田家への復帰が許された。

なお、父の利春は利家の浪人中に死去しており、前田家の家督は利家の兄である利久が継いでいた。しかし利久は子どもに恵まれず病弱であったため、信長の命により1569（永禄12）年から利家が家督を継ぐこととなる。

猛威を振るう“日本無双の槍”

織田家への復帰を果たした利家は、信長の上洛戦、その後の朝倉家・浅井家との戦いでも目覚ましい活躍を見せる。撤退戦となった金ヶ崎の退き口（福井県敦賀市）では信長の警護を担当し、続く姉川の戦い（滋賀県長浜市）では浅井家の一族と見られる武将を一騎打ちで討ち取った。また、織田軍が敗れた石山本願寺との春日井堤の戦い（大阪府大阪市）では、敵前に立ちふさがり、味方の兵の退却を助けたという。こうした活躍に周囲は「日本無双の槍」「堤の上の槍」などの賛辞を送った。

1575（天正３）年、信長は朝倉家滅亡後の越前国（現在の福井県北東部）で起こった一向一揆を鎮圧し、同国の統治を重臣の柴田勝家に命じた。利家は佐々成政、不破光治とともに勝家の配下に組み込まれ、３人は共同で府中（福井県越前市）

を領有した。勝家の目付（監視役）でもあったこの３人は「府中三人衆」と呼ばれている。

越前国の平定後も北陸における合戦で武功を挙げた利家は、1581（天正９）年に信長から能登国（現在の石川県北部）を与えられ、一国一城の主となった。

上司と親友、どちらにつくべきか

1582（天正10）年の明智光秀の謀反で信長はこの世を去り、その後は光秀を討ち取った羽柴秀吉と、織田家の筆頭家老だった勝家との対立が激化する。親友の秀吉と、若いころから世話になっている上司の勝家、この２人の対立は利家を悩ませた。

翌年に起こった賤ヶ岳の戦い（滋賀県長浜市）では、利家は柴田軍の一員として約5000の兵を率いて出陣する。しかし、ほとんど戦闘に加わることなく兵を退いた。結果的に利家は秀吉に味方したことになる。この戦線離脱の影響は大きく、敗れた勝家は本拠地の北ノ庄城（福井県福井市）に籠城した。

その後の北ノ庄城の戦いでは、利家は羽柴軍として参戦し、敗れた勝家は自害した。一連の軍功によって前田家には秀吉から加賀国（現在の石川県南部）の２郡が加増され、利家は金沢城（石川県金沢市）を新たな本拠地とした。

光秀と勝家を倒したことで秀吉が織田家中で一番の実力者になると、信長の二男である織田信雄が反旗を翻す。信雄は徳川家康と同盟を結び、両陣営は1584（天正12）年の小牧・長久手の戦い（愛知県小牧市・長久手市）で激突した。

1600年時の前田家の領地（推定）

この動きに、大の秀吉嫌いであった佐々成政も呼応する。越中国（現在の富山県）の大名となっていた成政は、利家の所領にある末森城（石川県宝達志水町）を攻撃した。兵数約１万5000の佐々軍に対し、末森城には約300の守備兵しかおらず、金沢城にいた利家は約2500の兵を率いて救援に駆けつけ、佐々軍をはね除けた（末森城の戦い）。

翌1585（天正13）年、今度は前田軍を含む羽柴軍が越中国を攻め、富山城（富山県富山市）の成政を降伏させる（富山の役）。戦後は利家の嫡男である利長に越中国の３郡が与えられ、さらに越前国の一部も前田家が手にした。

家族でつかんだ約120万石

関白となった秀吉は1590（天正18）年に関東の北条家を降し、全国統一を成し遂げる。依然として利家は秀吉の良き友であり、信頼のおける部下であった。1592（天正20）年から始まる朝鮮出兵（文禄・慶長の役）では、日本軍の苦戦を知ってみずから渡海しようとした秀吉を家康とともに諫めている。その後は五大老・五奉行の制度が導入され、利家は家康、毛利輝元、宇喜多秀家、小早川隆景（のちに上杉景勝）とともに五大老の一角を担った。

1598（慶長３）年、病床にあった秀吉は嫡男・秀頼の今後を五大老に託し、その数日後に死去した。遺言により秀頼の後見人となって大坂城に入った利家は事実上の大坂城の城主といえる。

一方の家康は、早くも生前の秀吉との取り決めを無視し、有力大名と徳川家の縁組を推し進めた。律儀な利家はこれに激怒し、諸大名も利家派と家康派で割れてしまう。結局、この騒動は利家と家康の和解で終息した。

秀吉の死から約７カ月後に利家はこの世を去る。生前の利家は家康を警戒しており、利長に「３年は上方（京都・大坂など現在の近畿地方の中心部）を離れるな」と厳命していたが、利長は家康の勧めに従って加賀国に帰ってしまう。これを謀反の準備ととらえた家康は加賀国への侵攻を計画するも、利家の妻・芳春院（まつ）が人質となることで武力衝突は回避された。

1600（慶長５）年の関ヶ原の戦い（岐阜県関ケ原町）で利長は家康の東軍に属し、戦後の加増によって前田家はおよそ120万石の領地を手にするのである。

豆知識

1. 利家と妻のまつは夫婦仲が良いことでも知られている。まつは12歳のときに嫁ぎ、２人の間には２男９女が生まれた。その三女は秀吉の側室となっている。
2. 利家は倹約家であり、日本に伝わって間もないそろばんを得意としていた。合戦時にも愛用のそろばんを持ち運び、陣中で兵糧などを計算していたと伝わる。

10日目

秀吉の治世を
内政面から支えた忠臣

石田三成

◆生没／1560（永禄3）年〜1600（慶長5）年
◆タイプ／忠義に厚い・横柄

ポイント

1. 20万もの軍勢の兵站を取りしきる。
2. 横柄な性格で多くの同僚から嫌われる。
3. 天下分け目の合戦での西軍の実質的な総大将。

スキル

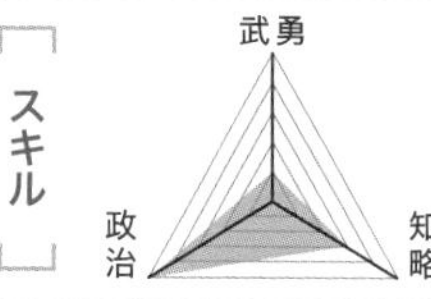

事務処理能力の高さで頭角を現す

豊臣秀吉の側近である石田三成は、1560（永禄３）年に近江国坂田郡の石田村（現在の滋賀県長浜市）で生まれた。父の正継は石田村の長であったと伝わっている。

幼少期の三成は寺に入っており、そこで長浜城（長浜市）の城主だった羽柴秀吉（のちの豊臣秀吉）と出会ったと伝わる。その際の「三献茶」の逸話は有名だ。鷹狩りを終えてのどが渇いていた秀吉の求めに応じ、温度と量を変えた茶を３杯献じた。この気配りが秀吉に仕えるきっかけになったという。

ただしそれとは別に、三成の子で僧侶となった済院宗享（石田重家）の記録によれば、合戦のために播磨国（現在の兵庫県南西部）に滞在していた秀吉の人柄にほれ込んだ三成が仕官したという説もある。

秀吉の家来となった三成は、中国地方の毛利家との戦い、明智光秀との山崎の戦い（京都府大山崎町）、柴田勝家との賤ヶ岳の戦い（滋賀県長浜市）などに従軍した。賤ヶ岳の戦いでは偵察などの任務に就いていたという。

三成は算術に長けており、やがて事務方の官僚として重く用いられるようになる。1586（天正14）年から始まる九州征伐では兵站（兵士や兵糧、弾薬などの手配・輸送）を担当した。**この合戦では20万以上の兵力が動員されているが、これほどの規模の兵站がスムーズに行われた例は過去になく、三成の能力の高さがうかがえる。**

功績が認められて大名となる

1582（天正10）年から断続的に行われる太閤検地でも三成は手腕を発揮した。太閤検地は、領主の自己申告だった従来の指出検地とは異なり、実際に奉行が耕作地の面積を測量し、そこから収穫量を算出する。検地奉行を務めた三成は、1584（天正12）年に行われた近江国での検地を皮切りに、東北から九州まで全国各地の耕作地を測量し、公正かつ公平な年貢の徴収の実現に貢献した。

その献身的な働きは秀吉からも認められ、1591（天正19）年には名城として知られる佐和山城（滋賀県彦根市）の城主となり、その４年後には**佐和山を中心とする約19万石の大名となった。**ただし、当時は豊臣政権の五奉行の１人として大坂や京都にいることが多く、佐和山城は父の正継が城代を務めていた。

五奉行とは、秀吉の家来のなかでも官僚としての能力に長けた５人の重臣の総称で、三成のほか、浅野長政、前田玄以、増田長盛、長束正家で構成されていた。また、五奉行ではないが、やはり豊臣政権の重臣で三成とも仲の良かった武将に大谷吉継がいる。三成と同じ近江国の出身で、ともに若いころから秀吉に仕えていた。

真偽は不明だが、２人にはこんな逸話が伝わっている。秀吉が開いた茶会でのことだ。茶道では一つの茶碗をみなで回し飲みするのが作法だが、吉継は病を患っており、吉継のあとは誰も茶碗に口をつけたがらない。しかし、三成は平然と茶を飲み干した。吉継はこの恩を忘れず、２人は固い絆で結ばれたという。

深まっていく武断派武将との溝

1592（天正20）年に始まる朝鮮出兵（文禄の役）では、三成は吉継とともに海を渡り、現地での監督役を務めた。日本にいる秀吉の命令を現地に伝え、戦況を秀吉に報告するのも三成の役目だった。

戦争は１年以上にわたって行われ、休戦に向けた交渉は翌年から始まった。日本側の交渉役を務めたのは小西行長と加藤清正である。**休戦条件をめぐって２人が対立すると、三成は早期の休戦を目指す行長を支持し、戦地での傍若無人な振る舞いを理由に清正を日本へ送り返した。**清正からすれば、それは事実とは異な

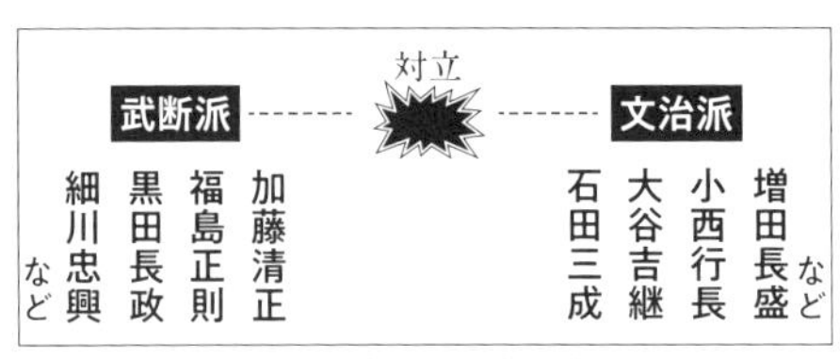

武断派と文治派の対立構図

る讒言（事実をねじ曲げて人を悪く言うこと）であり、三成をうらむようになる。

豊臣政権において三成や吉継、行長ら主に政務を担当した武将は「文治派」と呼ばれ、清正や福島正則ら主に合戦での指揮を担当した武将は「武断派」と呼ばれる。1597（慶長２）年から始まる２度目の朝鮮出兵（慶長の役）でも、三成と親しい武将が武断派の諸将をおとしめるような報告を秀吉にしたことで、両派の対立は激しさを増すこととなった。

1595（文禄４）年には秀吉の甥の豊臣秀次が謀反の疑いで切腹した。このときに秀次の取り調べを行ったのが三成であり、三成の讒言が切腹につながったとする説がある。しかし、讒言を裏づける史料はない。**三成は秀吉への忠誠心が高すぎるあまり、悪政と呼ばれることも忠実に実行してしまい、自身の評判を下げることとなった。**

三成にとって政敵は武断派武将だけではなく、徳川家康も警戒すべき相手であった。当時の家康は、秀吉の嫡男である豊臣秀頼を補佐する目的で設置された五大老の筆頭という立場にあったが、1598（慶長３）年に秀吉が死去すると、天下取りへの野望をあらわにし、生前の秀吉が禁じていた有力大名との縁組を推し進めた。

1599（慶長４）年には清正を含む７人の武将が大坂の三成の屋敷を襲撃する。家康の仲裁で事態は収まったが、三成は騒動の責任を問われ、奉行職を解任されてしまう。**以降、武断派の諸将は家康に接近し、のちの関ヶ原の戦い（岐阜県関ケ原町）でもその多くが家康率いる東軍に加わった。**

友の説得を制して家康との決戦に臨む

失脚した三成は佐和山城に吉継を招き、家康を討つ計画を打ち明けた。無謀な戦いであり、吉継は思い留まるように説得したが、三成の決意の固さを知ると、敗北を覚悟のうえで自分もともに戦うことを約束した。**ただし吉継は、横柄な性格の三成が総大将では味方が集まらないと忠告している。**その後の交渉により、中国地方の大大名で五大老の1人でもある毛利輝元が、三成率いる西軍の総大将を務めることとなった。

こうして三成は挙兵し、東西の両陣営は1600（慶長5）年10月に美濃国（現在の岐阜県南部）の関ヶ原で激突した（関ヶ原の戦い）。開戦当初は西軍が押していたが、秀吉の甥である小早川秀秋の寝返りをきっかけに戦局は東軍の優位に傾いていく。吉継は秀秋の寝返りを予見しており、その進撃を押し止めていたが、自身の配下に組み込まれていた大名たちも相次いで寝返り、奮戦むなしく自害した。

秀吉・三成の居城と主な合戦の地

一方の三成は近江国に逃れて農民にかくまわれていた。捜索の手が迫るなかで密告されたとも、みずから投降したとも伝わる。その後は家康との面会を経て、京都の六条河原で処刑された。最期に関しては次の逸話が伝わっている。

刑場に向かう途中、のどの渇きをうるおすために三成が水を求めると、警護の兵は柿を差し出した。ところが、三成は「痰の毒である」として柿を口にしなかった。のど、あるいは内臓に悪いという意味だ。「これから死ぬ者が体の心配をしてどうする」と警護の兵が笑うと、三成は**「大志を抱く者は最期の時まで命を大切にするものだ」**と言い放ったという。真偽は不明だが、命ある限り豊臣家に尽くそうとする姿勢が表れた逸話が残るのは、いかにも三成らしい。

豆知識

1. 三成は合戦で「大一大万大吉」と書かれた旗印を用いていた。「1人がみなのため、みなが1人のために尽くせば、みなが幸福になれる」という意味である。
2. 関ヶ原の戦いに勝利した東軍の兵士は、三成が佐和山城に金銀をため込んでいると考えていた。しかし足を踏み入れると、城内の造りは質素であり、私腹を肥やしている様子はまったくなかったという。

11 日目

豊臣家への恩を忘れなかった忠義の将 加藤清正

◆生没／1562（永禄5）年～1611（慶長16）年
◆タイプ／忠義に厚い

ポイント

1. 幼少期から豊臣秀吉に仕えて出世する。
2. 土木技術を駆使して領国の農業生産力を高める。
3. 徳川家と豊臣家との共存を望む。

スキル

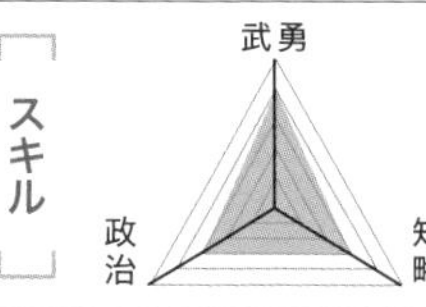

秀吉に無断で戦地に向かい初陣を果たす

熊本藩の初代藩主として今なお熊本県民から親しまれている加藤清正は、1562（永禄５）年に豊臣秀吉と同じ尾張国愛知郡の中村（愛知県名古屋市）で生まれた。父は刀鍛冶だったが、母が秀吉の母と親戚（一説に従姉妹）だった縁で、1573（天正元）年に秀吉の小姓（身の回りの世話をする年少の侍）となる。秀吉の妻のおねは子どもがいなかったこともあり、清正をわが子のように可愛がったという。

初陣は、織田・徳川連合軍が武田軍と戦った1575（天正３）年の長篠の戦い（愛知県新城市）と伝わっている。そのときはまだ14歳であり、秀吉は若すぎることを理由に初陣を許可していなかったが、清正は黙って戦地に向かい、果敢に戦った。秀吉は断りなく合戦に参加したことを責めず、 その活躍を大いに喜んだという。

その後は忠実な家来として、秀吉が関わった合戦のほとんどに参加した。成人後の清正は約190㎝の高身長で、片鎌槍のあつかいに長けていた。**秀吉と柴田勝家が争った1583（天正11）年の賤ヶ岳の戦い（滋賀県長浜市）での活躍はとくに目覚ましく、清正は福島正則、加藤嘉明ら６人の武将とともに「賤ヶ岳七本槍」と呼ばれるようになる。**

加えて清正は、内政手腕も秀吉から評価されており、秀吉の全国統一後は豊臣家の直轄地の管理を任されたほか、大名家が取りつぶしとなった際には臨時の城主を務めることもあった。

1586（天正14）年には肥後国（現在の熊本県）の北半分、およそ19万5000石の領地を与えられる。前領主の統治に反発した国人たちが一揆を起こすなど、肥後国は治めるのが難しい土地だったが、清正はそつなく務めをこなす。

その際には備えていた土木技術が大きな武器となった。清正は**河川のつけ替えや堤防の建造、有明海や不知火海（八代海）の干拓などを通じて領国内の農業生産力を高め、領民の支持を集めた。**

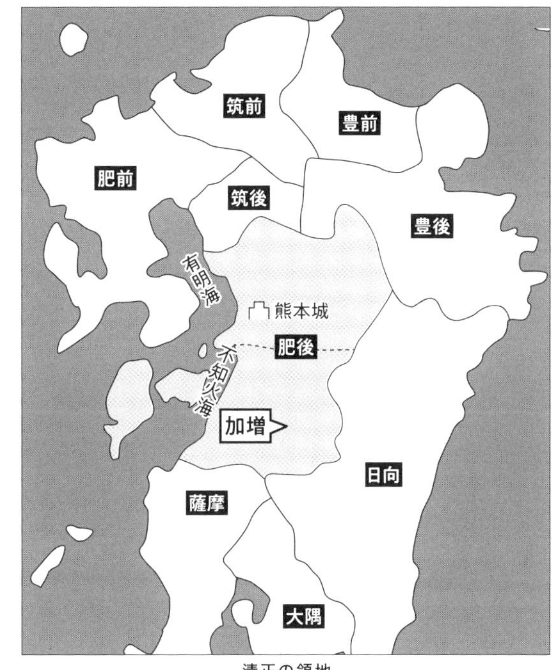

清正の領地

朝鮮半島で生じた三成との対立

1592（天正20）年から始まる朝鮮出兵（文禄の役）では、清正は二番隊を率いた。小西行長の率いる一番隊と清正の二番隊が日本軍の先鋒だ。２人は競うように進軍し、開戦から20日余りで朝鮮の都である漢城（現在のソウル）を制圧した。その後、朝鮮軍の援軍として中国王朝の明が派遣した軍隊が参戦すると、日本軍はこれ以上の侵攻を取り止め、休戦に向けた交渉が始まった。

秀吉が提示した休戦条件は、明と朝鮮の双方にとって受け入れがたいものだったが、秀吉に忠実な清正には譲歩する気が一切なかった。ともに交渉役を務めた行長は最初からこの戦争に消極的であり、秀吉の意向を無視してでも休戦にこぎつけようとしていた。そんな行長にとって清正は邪魔であり、戦地での横暴な振る舞いを秀吉に報告して、清正を帰国させた。このときの**行長と、秀吉との取次役だった石田三成は、事実をねじ曲げて清正のことを悪く報告しており、清正と**

三成・行長の仲が悪化するきっかけとなった。

帰国した清正には秀吉から謹慎処分が下されたが、1596（文禄５）年の大地震の際に、すぐさま伏見城（京都市）の秀吉のもとに駆けつけたことで処分を解かれた。この逸話は「地震加藤」と呼ばれ、歌舞伎の題材にもなっている。

1597（慶長２）年から始まる２度目の朝鮮出兵（慶長の役）にも清正は参加し、蔚山城の戦いでは約１万3000の兵で約５万6000の明・朝鮮連合軍の攻撃をしのぎ切った。しかし、開戦の翌年に秀吉が病死し、日本軍は撤退した。

領地の年貢を豊臣家に送り続ける

豊臣政権の内部では、清正と三成、両者を中心とする二つの派閥が生まれ、秀吉の死後にその対立を深めていく。1599（慶長４）年には清正を含む７人の武将が三成の暗殺を計画するが（暗殺ではなく、三成に対する処罰を求めて訴訟を起こしたとする説もある）、徳川家康の仲裁により暗殺は未遂に終わった。この騒動により三成は失脚し、以降、清正たちは家康に接近する。

ただし、その一方で清正は、薩摩国（現在の鹿児島県）の大名である島津家の重臣が起こした反乱を支援する動きも見せている。この重臣が島津家中において親豊臣派だったことが支援の理由だ。これは五大老筆頭として豊臣政権の実質的なトップだった家康への反逆行為であり、清正は家康から京都入りを禁止されてしまう。

処分は1600（慶長５）年の関ヶ原の戦い（岐阜県関ケ原町）の直前に解かれ、家康を中心とする東軍に加わった清正は黒田如水とともに、三成を中心とする西軍に属した小西行長の居城を開城させ、また立花宗茂ら諸大名と九州の地で戦った。**以前より「三成は豊臣家のためにならない」と考えていた清正が東軍につい**

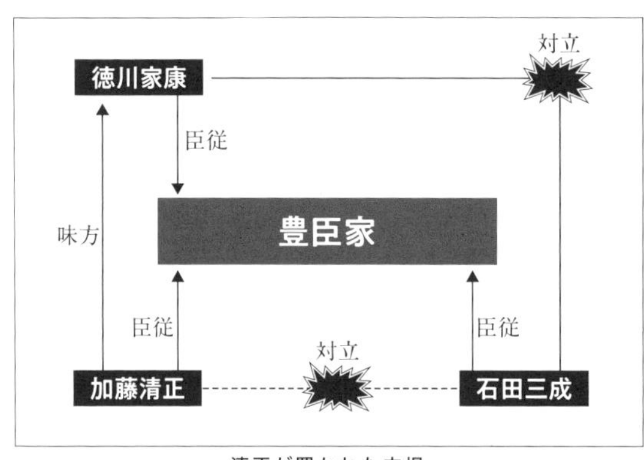

清正が置かれた立場

たのは自然な流れといえる。

関ヶ原の戦いは東軍の勝利に終わり、敗れた三成と行長は処刑された。清正は行長の所領だった肥後国の南半分を領地に加え、これにより肥後一国、約52万石の大大名となった。

徳川の家来になっても、清正の豊臣家への忠誠心は高かった。**諸大名の領国内にある豊臣家の直轄地の多くは、秀吉の死にともなって解体されたが、清正は肥後国にあった直轄地をそのまま残し、そこから上がる年貢を豊臣家に送り続けた。**

家康は1603年（慶長８）に江戸幕府を開く。豊臣家はいまだ徳川に服従せず、家康は秀吉の後継者である豊臣秀頼(ひでより)との会談を求めたが、秀頼の生母である淀殿(よどどの)（柴田勝家の義理の娘である茶々(ちゃちゃ)）は断固として要請に応じなかった。

現在の主君である徳川家と大恩のある豊臣家の共存を望む清正は淀殿を説得し、1611（慶長16）年に二条城（京都市）での会談を実現させた。清正はあくまで徳川家の家来という立場だったが、秀頼の身に何かあれば家康と刺し違えるつもりで、懐(ふところ)に短刀を忍ばせていたという。

この会談では何か重要な取り決めがなされたわけではない。家康の求めに応じて秀頼が上洛した事実が重要であり、このときをもって豊臣家は事実上、徳川家に臣従したといえる。しかし、会談での秀頼の堂々とした振る舞いは、かえって家康に危機感を抱かせた。一説に家康は、この会談で豊臣家を滅ぼすことを決意したという。

会談は無事終了し、清正は帰国の途に就いた。ところが乗っていた船の中で発病し、肥後国でこの世を去る。その３年後に大坂の役（冬の陣・夏の陣）が起こり、家康は1615（慶長20）年に豊臣家を滅ぼした。

豊臣家ゆかりの武将のなかでもとりわけ人望の厚い清正は、家康にとって目の上のコブであり、清正が生きているうちは豊臣家に手を出せなかったという見方もある。

豆知識

1. 清正は熊本城を堅城に改築した。1877（明治10）年の西南戦争では、新政府軍が熊本城に立てこもり、数倍もの反乱軍の攻撃をしのぎきったことで、清正の技術力の高さが証明された。
2. 熊本はかつて「隈本(くまもと)」と書かれていたが、清正が熊本に変えたとする説がある。「隈」のなかにある「畏（おそれ）」という字が武士らしくないという理由で、猛獣(もうじゅう)である「熊」に置きかえたという。

12 日目

秀吉に天下を取らせた
希代の名軍師

黒田如水

◆生没／1546（天文15）年～1604（慶長9）年
◆タイプ／野心家

ポイント

1. 幽閉を経て裏切り者の汚名をそそぐ。
2. 主君の秀吉に天下取りをそそのかす。
3. 優れた智謀を秀吉に警戒される。

スキル

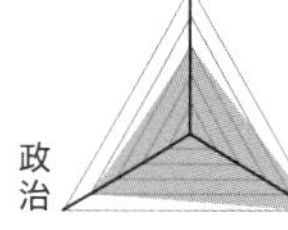

信長への臣従を主君に進言

合戦において作戦の立案などを担当する者を「軍師」という。かつては風水などを用いて戦の吉凶を占うことが軍師の主な役割だったが、戦国時代後期からは主君に策を提案する者を軍師と呼ぶようになった。参謀と言いかえてもいいだろう。**豊臣（羽柴）秀吉に仕えた黒田如水は、そんな参謀タイプの軍師の代表格といえる。**

如水は1546（天文15）年、黒田職隆の嫡男として播磨国（現在の兵庫県南西部）の姫路（姫路市）で生まれた。通称は官兵衛で、本名は孝高という。父の職隆は御着城（姫路市）の城主である小寺政職に仕え、姫路城の城代（城主の代理）を務めていた。優秀な家来だったことから小寺の名字を名乗ることが許され、如水も若いころは小寺官兵衛と名乗っていた。その小寺家は播磨守護である赤松家の家来だが、結びつきはさほど強くなく、半ば独立した領主だった。

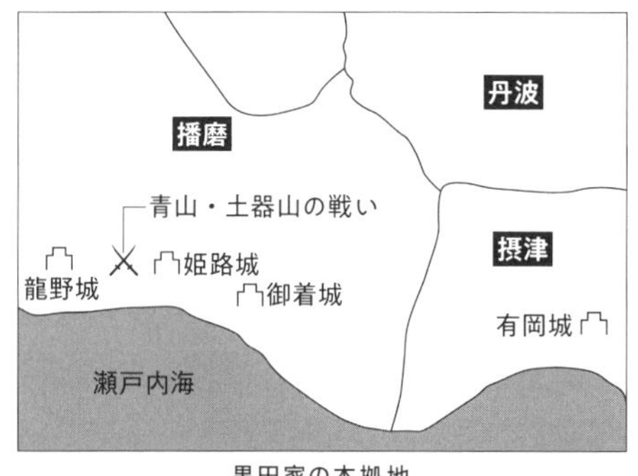

黒田家の本拠地

如水は若いころから戦の才能を発揮している。1569（永禄12）年、24歳のときに行われた龍野城（兵庫県たつの市）の城主・赤松政秀（播磨国の守護家の分家）との合戦では、300ほどの兵でおよそ3000の赤松軍を撃退した（青山・土器山の戦い）。

当時は織田信長が畿内平定を目指す戦いをくり広げていたが、如水は信長を高く評価しており、主君の政職にも信長に従うことを勧めた。1573（天正元）年には小寺家の使者として信長に謁見し、名刀を与えられている。**小寺家は織田家の傘下に入り、如水は羽柴秀吉の配下に組み込まれた。**

1577（天正５）年には信長の求めに応じて、嫡男の松寿丸（のちの黒田長政）を人質として差し出した。松寿丸は秀吉の居城である近江国の長浜城（滋賀県長浜市）に預けられ、秀吉とその妻のおねから実の子どものように可愛がられたという。

苦難を乗り越えて織田家の家来に

秀吉は1577年から中国地方を攻める方面軍の司令官を任され、如水も従軍する。ところが1578（天正６）年、信長に味方していた摂津国（現在の大阪府北中部、兵庫県南東部）の大名である荒木村重が謀反を起こす。村重と如水は旧知の仲であり、如水は再び信長に従うよう、村重を説得するため、その居城である有岡城（兵庫県伊丹市）に向かった。

しかし村重は説得に応じず、如水を牢屋に閉じ込めてしまう。幽閉されていた期間は１年半にもおよび、一説に狭い牢屋から助け出されたとき、如水の左脚は伸ばすことができなくなっていたという。

幽閉されていた間、織田家中では如水も寝返ったと見なしており、信長は松寿丸の処刑を秀吉に命じた。このときに処刑人の任務を引き受けたのが、羽柴軍のもう１人の軍師である竹中半兵衛（重治）だ。如水（官兵衛）とともに「二兵衛」や「両兵衛」と称され、「知らぬ顔の半兵衛」の慣用句にもその名を残す。半兵衛は如水を信じており、信長の命令を実行に移すことはなかった。松寿丸を密かにかくまい、信長には虚偽の報告をしたのである。こうして如水と松寿丸は再会を果たすのだが、そのときすでに半兵衛は病死していた。

如水の主君である小寺政職も村重に同調して謀反を起こしたが、御着城を攻め落とされると、中国地方の毛利家のもとに逃亡した。以降、如水は正式に織田家の家来となり、名字も小寺から黒田にもどしている。

秀吉に天下を取らせた“一言”

羽柴軍にもどった如水は軍師として秀吉を支え、毛利家との戦いでは数々の助言を与えた。奇策として名高い備中高松城（岡山県岡山市）の水攻めも如水の発案と伝わるが、この水攻めの最中に明智光秀の謀反の報せが届く。**主君・信長の突然の死に秀吉はうろたえたが、如水が発した「ご武運が開けた」のひと言でわれに返ったという。**これには「天下を取る機会がめぐってきた」という意味が暗に込められていた。

対峙していた毛利家と和睦した秀吉はすぐさま京都に取って返し、謀反人の光秀を討った。その後は柴田勝家との賤ヶ岳の戦い（滋賀県長浜市）にも勝利し、織田家の乗っ取りに成功する。

こうして畿内を手中にした秀吉は、1583（天正11）年から大坂城の建造に着手する。如水には軍師のほかに築城の名人という顔もあり、大坂城の建造の現場監督を務めたという。その2年後にはキリスト教に入信し、シメオンという洗礼名を得ている。家来にもキリスト教に入ることを勧めるなど信仰心は篤かったが、なぜ入信したかはよくわかっていない。

秀吉は1585（天正13）年に四国の大名である長宗我部家を、その2年後に九州の大名である島津家を降伏させた。如水もこれらの戦いに従軍し、四国攻めでは、簡単に城を明け渡して油断させようとした長宗我部元親の策を見破ったと伝わる。**九州征伐ののち、黒田家には豊前国（現在の福岡県東部、大分県北西部）の6郡が与えられ、如水は中津（大分県中津市）に新たな城を築いた。**1589（天正17）年には家督を嫡男の長政にゆずっている。

1590（天正18）年、関東の大大名である北条家との戦いでは、如水は危険をおかして敵の居城である小田原城（神奈川県小田原市）に乗り込み、北条氏政・氏直親子を説得して城を明け渡させた。その後、秀吉は奥州（東北地方）の諸大名も服従させ、ついに全国統一を成し遂げる。

如水は秀吉の偉業に大きく貢献したが、秀吉は備中高松城でのあのひと言以来、如水を警戒するようになったという。如水は1593（文禄2）年に出家しているが、秀吉に取って代わる意志がないことを示すためでもあったという。

家康と一戦交えるつもりだった!?

秀吉の死後に勃発(ぼっぱつ)した1600（慶長(けいちょう)５）年の関ヶ原の戦い（岐阜県関ケ原町）では、息子の長政と徳川家康が親しくしていたことから如水も東軍に味方した。その長政は毛利家重臣の吉川広家(きっかわひろいえ)を東軍に寝返らせ、合戦当日も石田三成(いしだみつなり)の側近で名将と名高い島左近(しまさこん)を黒田軍が討ち取っている。長政は東軍勝利の立役者の１人といえる。

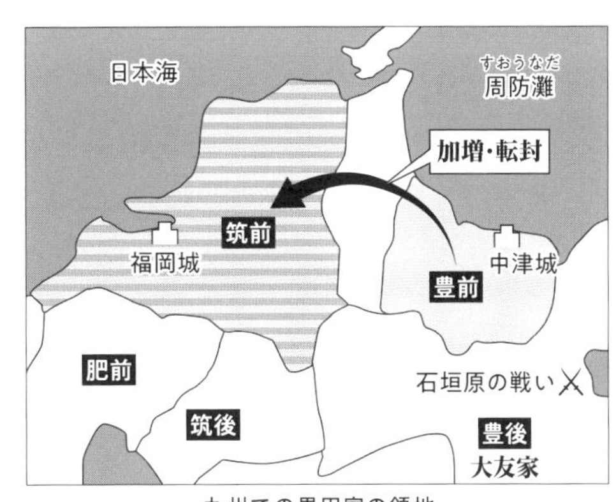

九州での黒田家の領地

一方の如水は領国のある九州で、かつて豊前国の大名だった大友義統(おおともよしむね)（宗麟の子）と戦い、勝利を収めた（石垣原(いしがきばる)の戦い）。

戦後処理の結果、黒田家は筑前(ちくぜん)国（現在の福岡県西部）の福岡に領地替えとなり、およそ52万石の大名となった。ちなみに、この地を「福岡」と名づけたのは如水である。黒田家の祖先がかつて備前国（現在の岡山県南東部、香川県と兵庫県の一部）の福岡（岡山県瀬戸内市）に住んでいたことから、それにちなんで改称したという。

その後、如水は体調をくずしがちになり、1604（慶長９）年に病気療養のために滞在していた京都で死去した。

なお、嫡男の長政が1623（元和(げんな)９）年に死去した際にしたためた遺言状によれば、**如水は大友軍を破ったあとに九州を平定し、さらに中国地方の大名も加えた10万以上の軍勢で、家康と一戦交えるつもりであったという。**本当に如水がそのような構想を抱いていたのか、あるいは父を慕(した)う長政の妄想(もうそう)か、今となっては謎である。

豆知識

1. 如水は普段から貯蓄をしていた。関ヶ原の戦いでは黒田軍の主力は長政のもとにあり、中津城には老兵しか残っていなかった。そこで如水はこれまでの蓄えを放出して兵を雇ったという。
2. 如水は一夫多妻を禁じるキリスト教を信仰する前から側室がおらず、愛妻家であったと見られている。また、最晩年を過ごした京都の屋敷では近所の子どもたちを招き入れて遊んでいたという。

13 日目

忍耐の末にのぼりつめた"天下人"

徳川家康

◆生没／1543（天文11）年～1616（元和2）年

◆タイプ／忍耐強い

ポイント

1. 少年時代は今川家で人質生活を送る。
2. 信玄の挑発に乗るなど若いころは短気な一面も。
3. 秀吉の没後、最高権力者への野心をあらわに。

スキル

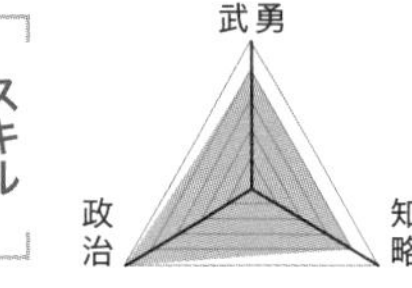

人質生活を経て大名として独立

戦乱の世の最終的な勝利者として江戸（東京都）に幕府を開いた徳川家康は、元は「松平」という名字だった。松平家は三河国（現在の愛知県東部）の小領主で、家康の家系はいくつかある松平家の宗家にあたる。家康の父の広忠は尾張国（現在の愛知県西部）の織田信秀（信長の父）と熾烈な争いをくり広げていたが、松平家だけでは対抗できず、駿河国（現在の静岡県中部）と遠江国（現在の静岡県西部）の大名である今川義元の傘下に入った。

家康はそうした最中の1543（天文11）年、広忠の嫡男として岡崎城（愛知県岡崎市）で生まれた。**6歳のときに人質として今川家に送られることとなったが、護送役の武将が織田家に寝返り、尾張国に連れ去られてしまう。**

その後は織田家と今川家の間で人質交換が成立し、駿河国の駿府（静岡市）で幼少期を過ごした。待遇はよく、義元の師でもある僧侶の太原雪斎から軍学などを学んでいたとする説がある。元服後は義元から「元」の字を与えられ、「松平元康」と名乗った。「康」の字は尊敬していた祖父の松平清康にちなむ。

1560（永禄3）年の桶狭間の戦い（名古屋市もしくは豊明市）にも今川軍の武将として参戦したが、今川軍は敗れてしまう。**今川家を継いだ義元の嫡男・氏真は大名としての器量にとぼしく、見限った元康は三河国の大名として独立した。**松平家単独では織田家に対抗することができず、1562（永禄5）年に織田信長と同盟（清洲同盟）を結んだ。

その翌年には名を「家康」と改め、さらに1566（永禄９）年には名字を「徳川」に改めた。一説に松平氏の祖先は、源氏の一族である新田氏から枝分かれした得川氏であるという。家康が名字を徳川に改めたのは、松平家が武家の名門である源氏に連なることを内外に示すためとされているが、実際に源氏に連なるかは定かではない。

時は前後するが、1563（永禄６）年には三河一向一揆が発生し、家康は家来たちの寝返りに見舞われながらも武力を用いてこれを鎮めた。その後は1566年までに三河国を平定し、信長の上洛後は畿内の平定を目指す戦いに加わった。

若いころは短気かつ無鉄砲

信長と室町幕府第15代将軍・足利義昭が対立すると、義昭の要請に応じた甲斐国（現在の山梨県）の武田信玄が信長を討つべく進軍を開始する。1572（元亀３）年、三河国と遠江国に侵入した武田軍は徳川家の城を次々に落とし、本城の浜松城（静岡県浜松市）に迫った。家康は籠城の準備を進めていたが、武田軍は浜松城を攻撃することなく向きを変え、西へと進軍を続けた。

これは信玄による計略なのだが、家康には短気かつ無鉄砲な一面があり、この挑発にまんまと乗ってしまう。無視されたことに激怒した家康は家来がとめるのも聞かずに出陣。その後の三方ヶ原の戦い（浜松市）で徳川軍は散々に叩きのめされ、家康はからくも浜松城へ逃げ帰った。

しかしながら運は信長と家康に味方する。この合戦の約４カ月後に信玄は病没し、織田家と徳川家は危機を脱した。信玄の跡を継いだ武田勝頼との長篠の戦い（愛知県新城市）では、織田・徳川連合軍が勝利を収めた。

なお、家康は自分の慢心を戒めるため、三方ヶ原での敗戦直後の自分の姿を絵師に描かせたと伝わる。この肖像画は「しかみ像」と呼ばれているが、近年の研究により、家康を描いた絵ではない可能性が高くなっている。

家康は、今川家の家来の娘である築山殿を正室（正妻）としており、２人の間には長男の信康がいた。ところが1579（天正７）年、築山殿は武田家に内通したという罪で家康の家来に殺害され、信康も自害に追い込まれた。通説では、家康は信長の意向に従って信康に切腹を命じたとされているが、家康の判断で切腹させたとする説もある。

秀吉の提案を受け入れて江戸に移る

1582（天正10）年２月、織田家が武田家へ攻め込む（甲州征伐）と家康も参戦し、武田家の滅亡後はその領地だった駿河国を自領に加えた。同年６月には信長の招きに応じて京都におもむくが、堺（大阪府堺市）での滞在中に本能寺の変が起こる。一気に治安の乱れた畿内にあって家康は死を覚悟したが、服部半蔵ら家来の導きで伊賀国（現在の三重県西部）の山中を越え、岡崎に帰還した。

その後は畿内の混乱に乗じて信濃国（現在の長野県）、甲斐国、上野国（現在の群馬県）を領地に加え、領地石高100万石を超える大大名となった。このとき、家康は武田家の遺臣を数多く召し抱えている。家康にとって信玄は恐るべき敵だったが、同時に尊敬する師のような存在でもあり、武田家重臣の娘との間に生まれた五男の信吉に武田の名字を名乗らせたほか、武田家の軍制などを参考にして組織改革を行ったともいわれている。

1584（天正12）年には織田家を乗っ取った羽柴秀吉とも戦火を交えた。この小牧・長久手の戦い（愛知県小牧市・長久手市）は、家康と同盟を組んでいた信長の二男・織田信雄が独断で秀吉と和睦したことで、家康も兵を退いた。

こうして秀吉との一時的な和睦が成立し、家康は二男の秀康（のちの結城秀康）を羽柴家の養子に差し出したが、自身の上洛は拒み続ける。徳川家との再度の合戦を避けたい秀吉は、妹の朝日姫を家康に嫁がせ、さらに自分の母親も人質として家康のもとに送った。懐柔策に折れた家康は1586（天正14）年に上洛し、秀吉への忠誠を誓った。

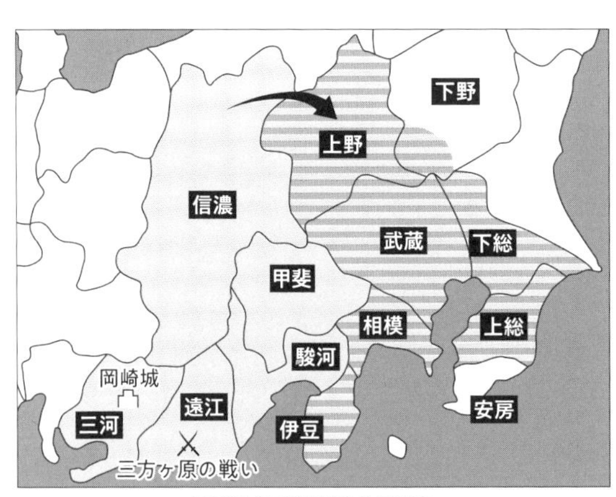

1590年の徳川家の国替え

1590（天正18）年の小田原攻めの最中には、家康は秀吉から武蔵国（現在の東京都、埼玉県、神奈川県の一部）を中心とする関東への領地替えを提案される。それまでの石高から倍増するとはいえ、先祖から伝わる土地を手放すことに反対する家来も少なくなかった。しかし、領地替えを拒否した織田信雄の家は取りつぶされており、家康はこの提案を受け入れて江戸に拠点を移した。

武家の頂点に立ち豊臣家を滅ぼす

表向きは秀吉の忠実な家来であり続けた家康だが、秀吉の死後は天下取りへの野望をあらわにする。豊臣政権は二つの派閥に割れ、家康を中心とする東軍と、秀吉の側近だった石田三成（いしだみつなり）を中心とする西軍は、1600（慶長（けいちょう）5）年の関ヶ原の戦い（岐阜県関ケ原町）で激突する。

この合戦では家康の短気な一面が再び顔をのぞかせている。家康は西軍の小早川秀秋（こばやかわひであき）の寝返りを取りつけていたが、なかなか動かない秀秋にしびれを切らし、その陣所への発砲を家来に命じている。また、家康は味方が苦戦すると親指（あるいは親指の爪）をかむ癖（くせ）があり、このときもしきりに指をかんでいたと江戸時代中期の文献に記されている。

天下分け目の戦いに勝利した家康は、1603（慶長8）年に征夷大将軍となり、江戸に幕府を開く。その2年後には早くも将軍職を三男の秀忠（ひでただ）にゆずり、幕府将軍の座が徳川家の血筋によって受け継がれていくことを世に示した。これは、豊臣家の天下が2度と訪れないことを意味していた。

徳川家と豊臣家は1614（慶長19）年に始まる大坂の役（冬の陣・夏の陣）で激突し、敗れた豊臣秀頼（ひでより）（秀吉の嫡男（ちゃくなん））とその生母・淀殿（よどとの）は大坂城で自害した。城を脱出した秀頼の息子も、捕らえられたのちに処刑され、豊臣家は滅亡した。

戦のない世の中の到来を見届けた家康は、1616（元和（げんな）2）年に75歳で死去した。その人生は苦難と忍耐の連続であり、次の言葉が遺訓として伝わっている。

「人生とは、重い荷物を背負って長い道を歩くようなもの。急いではいけない」

豆知識

1. 75歳という家康の没年齢は、当時としては長寿だ。家康は健康に気を配っており、薬の調合などをみずから行っていた。また、胃腸を冷やさないように、夏でも温かいうどんを食べていたと伝わる。

2. 栃木県日光市の日光東照宮（とうしょうぐう）は家康の遺言により建立された。天皇は天照大御神（あまてらすおおみかみ）の子孫とされているが、「東照」は「東の天照大御神」という意味で、幕府は家康を天皇と並ぶ存在にしようとしたのである。

14日目 傷一つ負わなかった徳川軍団最強の勇将 本多忠勝

◆生没／1548（天文17）年～1610（慶長15）年
◆タイプ／勇猛・忠義に厚い

ポイント

1. 天下の名槍「蜻蛉切」を振るう。
2. 信長と秀吉に武勇を賞賛される。
3. 領主としても優れた手腕を発揮。

スキル

武勇
政治
知略

初陣ではあわや討ち死に

「家康に過ぎたるものが二つあり 唐の頭に本多平八」――徳川家康の重臣である本多平八郎こと本多忠勝は、若いころにこううたわれた。「唐の頭」とは、日本にはいない動物の毛でつくられた高価な装飾品のこと。「どちらも家康にはもったいない」という意味だ。

本多家の祖先は豊後国（現在の大分県）の本多という土地に住み、室町時代初期に幕府の初代将軍の足利尊氏から尾張国（現在の愛知県西部）の領地をたまわったという。その後は三河国（現在の愛知県東部）にも勢力を広げ、戦国時代に家康の実家である松平家の家来となった。

徳川家の家来には、忠勝以外にも本多を称する者が何人もいる。**江戸時代には大名（領地石高1万石以上）と旗本（1万石未満）を合わせて58の本多家があり、忠勝の家はその宗家（本家）とされている。**

忠勝は1548（天文17）年に本多忠高の長男として生まれた。その翌年に忠高が戦死したため、叔父の忠真に養育される。

当時の家康は松平元康と名乗り、駿河国（現在の静岡県中部）と遠江国（現在の静岡県西部）の大名である今川義元に仕えていた。1560（永禄3）年の桶狭間の戦い（愛知県名古屋市もしくは豊明市）にも今川方として参加し、味方の城である尾張国の大高城（名古屋市）に兵糧を運び入れる任務が与えられた。

13歳の忠勝はこのときに初陣を迎えている。織田方の武将に討ち取られそうになったが、叔父の忠真が敵に槍を投げつけ、討ち死にを免れたという。**のちの忠勝は槍の名手として名を馳せるが、その技は叔父ゆずりだったのかもしれない。**

信仰心より家康への忠節

戦後、家康は三河国の大名として独立し、忠勝は三河国内の平定を目指す戦いに加わった。1561（永禄4）年の鳥屋根（登屋ヶ根）城攻め（愛知県豊川市）では、忠勝は忠真から手柄をゆずるといわれたが、「武功を立てるのに人の力は借りない」といい放ち、自力で敵を討ち取ったという。

続く1563（永禄6）年には一向宗（浄土真宗）の門徒の一揆が起こる（三河一向一揆）。家康の家来にも門徒は多く、家中を二分する戦いとなった。**本多家も一向宗の門徒だったが、忠勝は浄土宗に改宗して家康に味方し、徳川家の勝利に貢献した。**

なお、同じ本多一族の本多正信は一向宗側につき、敗戦後に浪人となった。のちに許されて家康の参謀となったが、忠勝は知謀で出世をした正信を嫌っており、「正信は腰抜け」「同じ本多一族とは認めない」と罵声を浴びせている。

こうして三河国を平定した家康は、家来を旗本衆、東三河衆、西三河衆の3つに分けた。さらに旗本衆は、家康を護衛する馬廻衆と、最前線で戦う先手役に分けられた。当時19歳の忠勝はこの先手役に抜擢され、騎馬武者54騎が配下に加

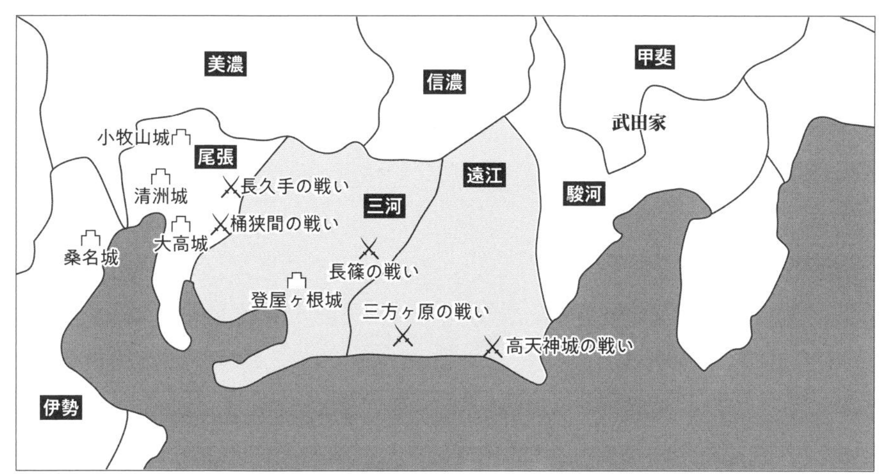

1570年ごろの徳川家の勢力範囲と主な合戦の地

わった。

家康は今川義元を討った尾張国の大名・織田信長と「清洲同盟」を結び、1570（元亀元）年には朝倉家・浅井家の連合軍と近江国の姉川（現在の滋賀県長浜市）で激突する（姉川の戦い）。**この合戦で忠勝は、身長２m以上ともされる朝倉家の豪傑・真柄直隆との一騎討ちに臨んだ。**決着はつかなかったが、忠勝の武名は周辺諸国にとどろくこととなった。

先述のように、忠勝が得意としていた武器は槍で、愛用していた槍は、穂先に留まった蜻蛉が真っ二つになったことから「蜻蛉切」と呼ばれた。一般的な槍の柄の長さは約4.5mだが、この蜻蛉切は６ｍほどあった。ただし、忠勝の身長は推定約160㎝前後と、意外にも当時の平均と変わらない。

勇猛な戦いぶりを信長に賞賛される

織田家と徳川家の連合軍はこの姉川の戦いで勝利を収めたものの、当時の信長は室町幕府将軍・足利義昭と対立しており、多くの大名が信長と敵対していた。1572（元亀３）年には、その義昭からの要請を受けた甲斐国（現在の山梨県）の大名・武田信玄が信長打倒の兵を挙げ、徳川家の領国である遠江国と三河国に侵攻してくる。

両軍は翌1573（元亀３）年に三方ヶ原（静岡県浜松市）で激突する。徳川軍は大敗したが、そのなかにあって忠勝は、武田軍切っての猛将とされる山県昌景の部隊を蹴散らした。しかし、父親代わりであった叔父の忠真がこの三方ヶ原の戦いで戦死している。

その後の長篠の戦い（愛知県新城市）や高天神城の戦い（静岡県掛川市）でも忠勝は無類の強さを発揮し、世間では「蜻蛉が出ると、蜘蛛の子散らすなり。手に蜻蛉、頭の角のすさまじき。鬼か人か、しかとわからぬ兜なり」という歌が詠まれている。信長も「花も実もある（見た目が立派なだけでなく、実力もともなっている）武将である」と忠勝を賞賛した。

その信長は1582（天正10）年に京都の本能寺で明智光秀に討たれた。家康はわずかな供を連れて堺（大阪府堺市）に滞在しており、京都での異変を知ると自害を口にした。**この際に家康を諫めたのが忠勝である。**無事に三河国へ帰還した家康は、信長の死で領主不在となった信濃国（現在の長野県）や甲斐国を制圧し、領地の石高が100万石を超える大大名となった。

1584（天正12）年には織田家を乗っ取った羽柴秀吉（のちの豊臣秀吉）と小牧・長久手の戦い（愛知県小牧市・長久手市）で激突する。当初、忠勝は陣中に控えていたが、前線の苦戦を聞くと500の兵を率いて出陣し、数万の敵軍を前にして悠然と馬の口を洗ったという。**結果は両軍引き分けに終わったが、秀吉は忠勝を「天下無双の東の大将」と賞賛した。**

東西をつなぐ要衝の地を任される

秀吉に臣従した家康は、国替えによって江戸（現在の東京都）を中心とする関東に移った。忠勝は上総国の大多喜（現在の千葉県大多喜町）に約10万石の領地が与えられた。この人事には、安房国（現在の千葉県南部）の大名である里見家をけん制するねらいがあったと見られている。

秀吉の死後に勃発した関ヶ原の戦いでも忠勝は武功を挙げ、戦後には伊勢国（現在の三重県北中部、愛知県の一部、岐阜県の一部）の桑名（三重県桑名市）に領地替えとなった。石高は変わらず約10万石である。**桑名は徳川家と豊臣家、双方の拠点である江戸と上方（京都と大坂）をつなぐ東海道が通り、伊勢湾にも面している。**軍事と商業の両面で重要な土地を任された忠勝は、依然として家康からの信任が厚かったといえる。

忠勝は領主としても優れた手腕を発揮し、町の中に東海道を通した。以降の桑名は城下町、宿場町、港町として発展し、忠勝は今も名君として称えられている。

そんな忠勝も江戸幕府の成立後は病気がちになり、1609（慶長14）年に家督を嫡男にゆずって隠居し、翌年に63歳で死去した。遺言として次の言葉が伝わっている。

「主君と枕を並べて討ち死にし、忠誠を尽くしてこそ侍である」

豆知識

1. 忠勝は生涯で57度の合戦に参加し、かすり傷すら負わなかったと伝わる。ところが日常の稽古では、手合わせをした武将がおどろくほど槍のあつかいが下手だったという。
2. 忠勝は黒い鎧を着用し、肩から胴にかけて、金色に塗られた大きな数珠をぶら下げていた。この数珠には、討ち取った兵に対する弔いの念が込められていたという。

15 日目

最強軍団をつくりあげた
百戦錬磨の名将

武田信玄

◆生没／1521(大永元)～1573(元亀4)年
◆タイプ／慎重

ポイント

1. クーデターを起こして父を追放する。
2. 上杉謙信との5度にわたる戦い。
3. 領国を富ませる優秀な為政者でもあった。

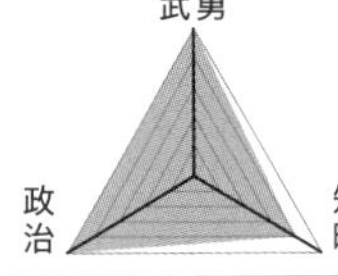

父が落とせなかった城を1日で落とす

甲斐国（現在の山梨県）の戦国大名である武田家は清和源氏と呼ばれる氏族の一つで、9世紀の清和天皇を祖先に持つ。清和源氏のなかでも甲斐国に根づいた集団は甲斐源氏と呼ばれる。武田家はその嫡流（宗家・本家）であり、鎌倉時代から甲斐国の守護を務めていた。

信玄は1521（大永元）年、武田信虎の二男として生まれた。武田家は躑躅ヶ崎館（甲府市）を本拠地としていたが、当時の甲斐国は敵対勢力の侵攻を受けており、信玄は母の避難先だった要害山城（甲府市）で生まれたと伝わる。本名は晴信だが、ここでは出家後の信玄の名で紹介していく。

兄が幼くして死去したため、信玄は後継者として育てられた。**幼少のころから聡明で、武士の心得を書いた『庭訓往来』という書物を3日ほどで覚え、その後は『孫子』や『三略』といった古代中国の兵法書を読んでいたという。**武田軍の代名詞とも呼べる「風林火山」も『孫子』に書かれている言葉をもとにしており、信玄は1561（永禄4）年ごろから合戦の旗印に用いている。

若き日の信玄の優秀さは武田家の軍学書『甲陽軍鑑』にも記されている。1536（天文5）年、当時16歳だった信玄の初陣でのことだ。信虎は信濃国（現在の長野県）の佐久地方を攻め、海ノ口城（南牧村）を包囲した。しかし、30日以上経っても落とすことができず、撤退を決める。殿（退却時に軍の最後尾を担当する部隊）を務めた信玄は300の兵とともに海ノ口城へ取って返し、わずか

1日で陥落させたという。

一説に信虎は、信玄のこうした聡明さを毛嫌いしていたらしく、親子関係は良好ではなかった。信虎には暴君のような言動もあり、家来の多くは信玄が早く当主になることを望んでいたという。

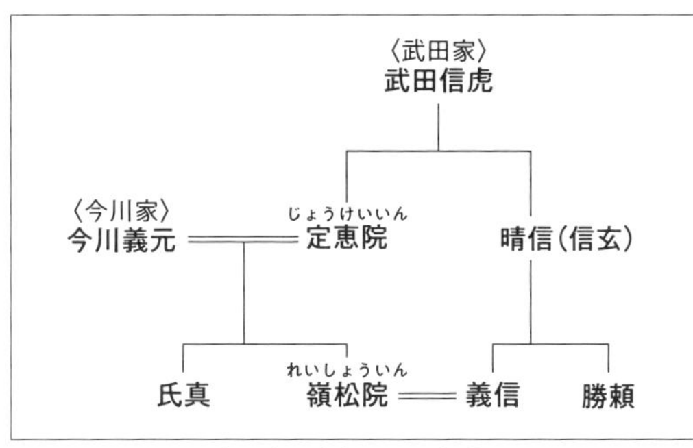

武田家を中心とした家系図

当時の武田家は駿河国（現在の静岡県中部）と遠江国（現在の静岡県西部）の大名である今川家と同盟を結んでおり、当主の義元には信玄の姉が嫁いでいた。1541（天文10）年、娘に会うために信虎が駿河国におもむくと、信玄は甲斐と駿河の間の国境を封鎖し、信虎を甲斐国から追放した。こうして信玄は武田家の新たな当主となった。

同盟を結んでライバルとの合戦に注力

山の多い甲斐国は耕地面積が狭く、国を富ますためには領地そのものを広げる必要があり、信玄は他国への侵攻に積極的な姿勢を見せる。ただし、駿河国と遠江国を領地とする今川家とは同盟を結んでおり、今川家は関東の北条家と同盟を結んでいた。**したがって信玄の侵攻の矛先は信濃国に向けられた。**

武田軍に敗れた信濃国の北部の豪族たちは、越後国（現在の新潟県）の上杉謙信に助けを求め、謙信も彼らの領地回復に力を貸した。信玄と謙信の長きにわたる抗争はこのときから始まった。

両雄は通算5度にわたって信濃国の川中島（長野県長野市）で対峙している。最初の対戦は1553（天文22）年で、このときは小競り合いのみで双方とも兵を退いた。1555（天文24）年の2度目の戦いではおよそ200日間にわたってにらみ合ったが、やはり本格的な戦闘にはならず、今川義元の仲介で和睦した。

この間に武田家をめぐる同盟関係には変化が生じている。1554（天文23）年に武田信玄、今川義元、北条氏康が駿河国で会談し、いわゆる甲相駿三国同盟が成立した。この同盟により、信玄は謙信との戦いにより注力できるようになった。

宿敵である上杉謙信との激闘

1557（弘治3）年に行われた信玄と謙信の3度目の戦いはまたしても小競り合いのみで終わったが、1561（永禄4）年の4度目の戦いは、これまでとは一転して大激戦となった。

信玄は軍師の山本勘助が提案した「啄木鳥の策」を採用した。これは軍勢を2つに分け、敵を挟み撃ちにする作戦である。しかし、策は謙信に見破られ、両軍は正面からぶつかり合うこととなった。当初は上杉軍が優勢だったが、別働隊の合流後は武田軍が押し返し、決戦はまたしても引き分けに終わった。

信玄には**「戦の勝ちは五分をもって上、七分を中、十分を下とする」**という言葉がある。五分は引き分け、十分は完全勝利を意味し、この言葉は慢心につながる“勝ちすぎ”を戒めている。**信玄にとっては引き分けか、少しだけ勝つのが上手い戦い方であり、引き分け続きの川中島の戦いも信玄のねらいどおりだったのかもしれない。**

両雄の最後の対決となる1564（永禄7）年の5度目の戦いは、にらみ合いのみで双方とも撤退した。これが最後の対決となった背景には今川家との同盟関係の変化がある。当時はすでに義元が死去しており、1565（永禄8）年には義元の娘を妻としていた信玄の嫡男の義信が謀反の疑いで幽閉され、その2年後に自害した。そして義元の娘が今川家に送り返されたことで武田家と今川家の同盟は解消され、信玄は駿河国を攻めることが可能になったのである。

西上途中で無念の死を遂げる

信玄は三河国（現在の愛知県東部）の大名である徳川家康と手を組み、武田軍は駿河国を、徳川軍は遠江国を占領した。今川家当主の今川氏真（義元の嫡男）の妻は北条氏康の娘であり、氏真が北条家に保護されたことで、武田家と北条家の同盟も消滅する。信玄は北条家の本拠地である相模国（現在の神奈川県）にも侵攻したが、病死した氏康の遺言により両家は和睦した。

その後の信玄の視線は西へと向けられる。当初、武田家と尾張国（現在の愛知県西部）の大名である織田家は友好関係にあり、一時は織田信長の嫡男・信忠と信玄の娘・松姫の婚約も決まっていた。また、日本に滞在していた宣教師のルイス・フロイスによれば、信長は信玄を恐れており、進物も贈っていたという。しかし、**信長と室町幕府将軍の足利義昭が対立すると、信玄は義昭の要請を受け、1572（元亀3）年に信長打倒の兵を挙げた。**

三方ヶ原の戦い（静岡県浜松市）では織田家と同盟を結んでいた徳川軍を蹴散らしたが、その直後に信玄は病で倒れ、甲斐国への帰途、53歳でこの世を去った。敵勢力の武田領への侵攻を防ぐため、「自身の死を3年隠すように」と、後継者である四男の勝頼や重臣たちに言い遺しており、最期まで自領のことを考えていたことがうかがえる。ただし武田家は、勝頼の代に織田家に攻め滅ぼされることとなる。

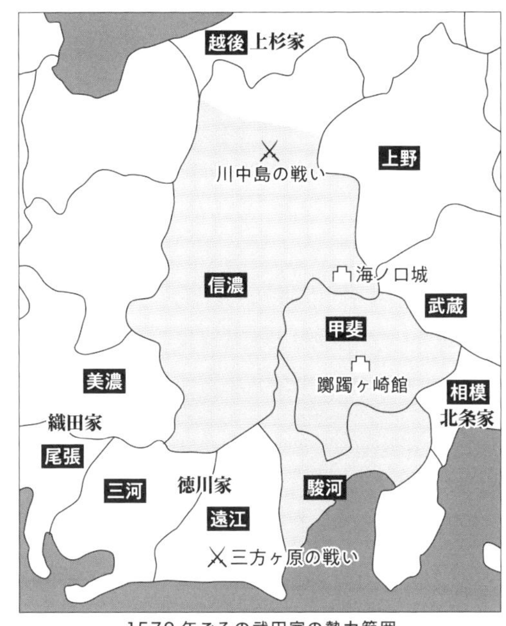

1570年ごろの武田家の勢力範囲

武田軍、とくに騎馬隊は“戦国最強”ともいわれているが、強力な軍団を組織できた理由の一つに 、信玄による安定した領国経営がある。1547（天文16）年には分国法（領国内で通用する法律）の『甲州法度之次第』を制定し、家中の引き締めを図った。財政強化のため、領内の金山の開発も進めている。また、民のための政策としては釜無川と御勅使川（ともに山梨県）の合流地点に堤防（信玄堤）を築いて洪水被害を防ぎ、これ以外にもさまざまな政策で生産力の向上に努めている。合戦での強さに目が行きがちだが、信玄は優れた為政者でもあった。

豆知識

1. 躑躅ヶ崎館の信玄専用のトイレは、風呂の水を再利用した水洗式だった。暗殺に備えて広さは6畳もあり（狭いと刀を振るうことができない）、信玄はここで訴状などの書類に目を通していたという。
2. 武田信玄と聞いて、かっぷくのよい壮年の男性を思い浮かべる人は多いだろう。しかし、よく知られている肖像画は、じつは信玄ではない可能性が高い。実際の信玄は細身だったともいわれている。

16日目

他者のための戦に明け暮れた“軍神”

上杉謙信

◆生没／1530（享禄3）～1578（天正6）
◆タイプ／義理堅い

ポイント

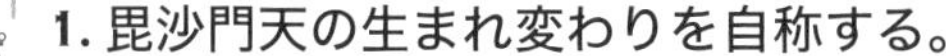

1. 毘沙門天の生まれ変わりを自称する。
2. 当主の職務に嫌気が差して逃げ出す。
3. 有力大名の武田信玄や北条氏康と争う。

スキル

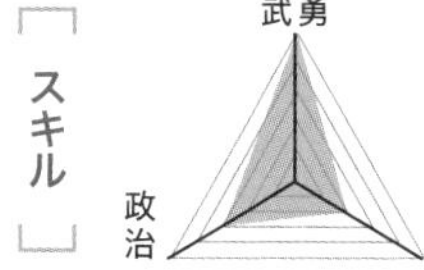

22歳で越後国を統一

合戦で圧倒的な強さを誇った上杉謙信は、“義”に厚い武将としても知られている。「依怙に依り弓箭を携えず候、只々筋目をもって何方へも合力致すまでに候」──これは謙信が他家に送った書状の一文で、現代語に訳せば**「誰かをえこひいきすることなく、筋目が通っているほうに味方する」**となる。謙信の人生哲学が端的に表れているといえるだろう。

謙信は1530（享禄３）年、越後国（現在の新潟県）の守護代である長尾為景の四男として春日山城（上越市）で生まれた。幼名は虎千代で、元服後は景虎と名乗る。謙信はこれ以降も政虎、輝虎と名前を変えているが、混乱を避けるため、ここでは出家後の名前である謙信で統一する。

幼少期の謙信は父の為景から自分の子かどうか疑われていたらしく、寺に入れられていた。**のちの謙信は、仏教の守護神である毘沙門天の生まれ変わりを自称し、生涯独身を貫いているが（結婚していたとする説もある）、篤い信仰心はこのときに養われたのだろう。**

為景は長尾本家の当主だったが、分家の当主たちとは守護代の座をめぐってライバル関係にあり、配下の国人領主たちを交えた激しい抗争をくり広げていた。1542（天文10）年に為景が病死した際には、謙信は敵の襲撃に備えて甲冑を着て葬儀に参列したという。

父の死後に長男の晴景が当主の座に就くと、病弱だったことを好機と見た国人たちが反乱を起こす。当時15歳の謙信はこのときに初陣を迎え、栃尾城（新潟県長岡市）を守り切った（栃尾城の戦い）。

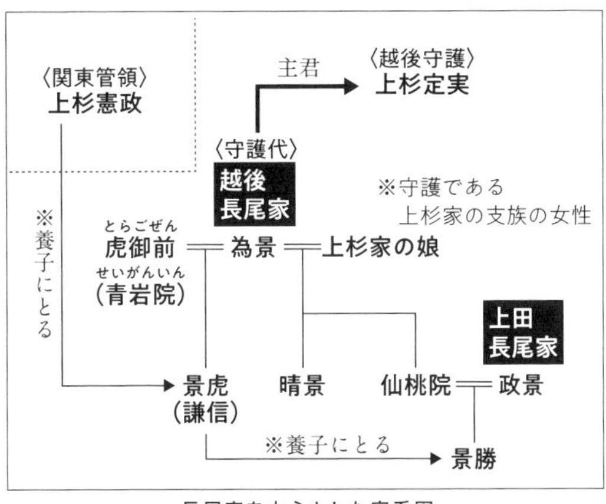

長尾家を中心とした家系図

兄の晴景は1549（天文17）年に隠居したが（家中からの圧力によって隠居に追い込まれた）、子に先立たれており、２人の弟もすでに死去していたため、末弟の謙信が長尾家の当主となった。守護の上杉定実も実子のないまま死去したことから、謙信は室町幕府第13代将軍・足利義輝の意向で越後国の実質的な国主となる。

1551（天文19）年には分家の長尾政景が謀反を起こすも鎮圧され、その後は謙信に従った。こうして謙信は22歳にして越後国の統一を果たした。なお、政景は謙信の姉をめとっており、２人の間に生まれたのが、のちに謙信の跡継ぎとなる上杉景勝である。

そのころ、甲斐国（現在の山梨県）の守護大名である武田信玄は信濃国（現在の長野県）に侵攻し、勢力を拡大していた。信濃国の守護の小笠原家をはじめ、敗れた豪族たちは謙信に助けを求め、謙信も彼らに力を貸すことを約束した。**信玄の非道に対する怒りに加え、このままでは越後国への侵入を許すことにもなりかねず、謙信は武田軍との戦いに身を投じていくのである。**

若き当主が抱えていた悩み

長尾・武田両軍は1553（天文22）年から1555（天文24）年の間に２度、信濃国の川中島（長野市）で対峙したが、どちらも大規模な合戦にならなかった。このうち、1555年の第二次川中島の戦いでは200日間にわたって両軍がにらみ合っていたが、長尾軍では緊張感を欠く陣中にあって将兵の士気が下がり、もともと仲の悪かった家来たちの関係がさらに悪化する事態を招いてしまう。

そして1556（弘治2）年、予期せぬできごとが長尾家を襲う。**何と謙信が突如として当主の座を投げ出し、仏門に入るべく越後国を飛び出してしまったのである。**家来同士の争いや紛争の調停などに疲れ果てた末の職務放棄であった。合戦において無類の強さを誇る謙信も、若いころは年相応の若者らしい悩みを抱えていたのである。

結局、謙信は長尾政景の説得を聞き入れて越後国にもどった。ただし職務に復帰する条件として、自身への忠誠を誓う書類を家来に提出させている。結果として、この騒動は家中を引き締めることにつながった。

上杉家の家督と関東管領職を相続

時は前後するが、謙信は武田家との戦いと並行して関東にも兵を出している。当時の関東では、関東管領を務める山内上杉家の当主・上杉憲政が、相模国（現在の神奈川県）の大名である北条氏康に攻められていた。**1552（天文21）年、領国の上野国（現在の群馬県）を追われた憲政は謙信に助けを求めた。**以降、氏康は信玄と並ぶ謙信のライバルとなる。

上杉家の勢力範囲

1560（永禄3）年の桶狭間の戦い（愛知県名古屋市もしくは豊明市）では、駿河国（現在の静岡県中部）と遠江国（現在の静岡県西部）の大名である今川義元が敗死する。武田・今川・北条の同盟（甲相駿三国同盟）の一角がくずれたことをチャンスと見た謙信は関東に出兵し、翌1561（永禄4）年には山内上杉家などの軍勢とともに、北条家の本拠地である小田原城（小田原市）を包囲した。しかし、ここで信玄が横槍を入れる。氏康の要請に応じて、信濃国の北部に兵を進めたのである。謙信はやむなく小田原城を離れ、越後国に帰国した。

なお、**この合戦の最中に、謙信は山内上杉家の家督と関東管領の職を憲政から引き継ぎ、「上杉政虎」と改名している。**

帰国した謙信は川中島に進軍し、信玄との4度目の対決に臨む。これまでの戦いとは打って変わって大激戦となり、ただ単に「川中島の戦い」といった場合はこの第四次合戦を指すことが多い。

今回の戦いでは、謙信と信玄の一騎打ちが行われたという伝説が残る。敵本陣を目がけて馬を走らせた謙信は、信玄の頭上から3度にわたって太刀を振り下ろし、信玄は軍配でそれを受け止めた。謙信が去ったのち、信玄が軍配を調べてみると、7つの傷がついていたという。ただし、この対決を記している史料は後世に成立した軍記物語であり、創作の可能性が高い。

信濃国をめぐる謙信と信玄の争いはこの第四次川中島の戦いでいったん終息し、氏康を含めた三者の争いは関東に舞台を移す。謙信は十数度にわたって関東に出兵しているが、頻度の割に関東での上杉家の領地は増えていない。冒頭でもふれたように、**謙信が行った合戦のほとんどが他家のためのものであり、謙信には領地拡大の野心がほとんどなかったのである。**

1568（永禄11）年以降は北陸に兵を出す機会が増え、越中国（現在の富山県）や能登国（現在の石川県北部）の支配をめぐって一向宗の門徒や織田信長と敵対する。1577（天正5）年の手取川の戦い（石川県白山市）では、織田家の猛将である柴田勝家の軍勢を蹴散らした。

織田家との抗争が続いていた1578（天正6）年、謙信は春日山城で突如倒れ、意識を取りもどすことなく49歳で息を引き取った。死因は脳溢血と見られている。**かかわった合戦のうち負け戦は数えるほどしかなく、その圧倒的な強さから謙信は今なお“軍神”と称えられている。**

豆知識

1. 謙信は毘沙門天の「毘」の字を自軍の旗印に用いた。また、総攻撃時は本陣に「龍」の字をくずした「懸かり乱れ龍」の旗を掲げた。“越後の龍”の異名はこの旗に由来する。
2. 甲相駿三国同盟の解消後、今川氏真は武田家に対して塩の輸出を止めた。これに対して謙信は越後国で取れる塩の値上げを規制したという。この逸話をもとにしたのが「敵に塩を送る」のことわざだ。

家康に挑戦状を叩きつけた上杉家の宰相
直江兼続

◆生没／1560（永禄3）年～1620（元和5）年
◆タイプ／責任感が強い

ポイント

1. 全国を統一する前の秀吉に接近する。
2. 「直江状」で家康を激怒させる。
3. 領地石高を30万石から50万石に高める。

スキル

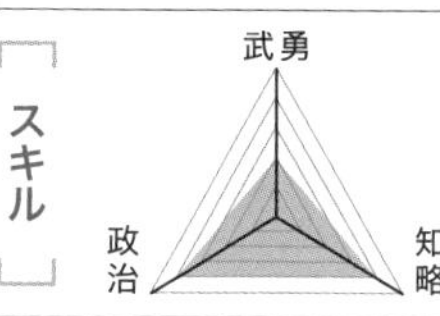

直江家の家督を継いで家老に

越後国（現在の新潟県）の大名である上杉謙信が死去したのち、上杉家を支えたのが直江兼続だ。兼続は1560（永禄３）年に樋口兼豊の長男として生まれた。兼豊については諸説あるが、謙信の義兄（姉の夫）である長尾政景に仕えていたという。政景の死後、その息子の景勝は謙信の養子となった。兼豊は景勝の家来になり、兼続も小姓（身の回りの世話をする年少の侍）として景勝に仕えたと見られている。

謙信が1578（天正６）年に死去すると、上杉家では「御館の乱」と呼ばれる争いが起こる。実子のいない謙信は景勝だけでなく、関東の大名・北条氏康の七男である景虎を養子にしており、この２人が家督を争ったのだ。

この御家騒動は北条や武田など周辺の大名家を巻き込みながら約１年にわたって続けられた。景虎陣営からは寝返る者が続出し、勝利を収めた景勝が新たな当主となった。

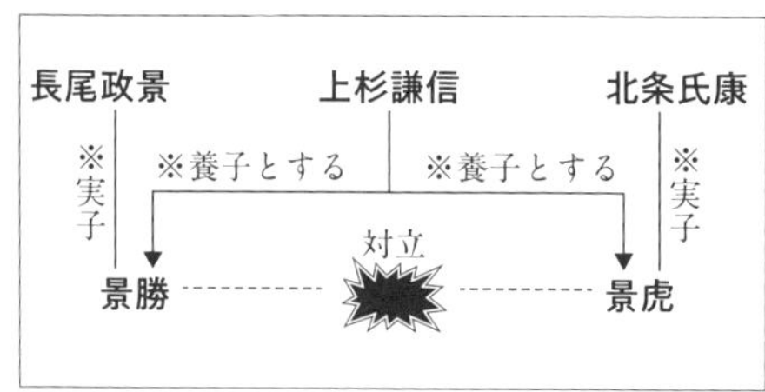

上杉家中の対立構図

1581（天正９）年、御館の乱での恩賞をめぐる家来同士の争いで、景勝の重臣である直江信綱が命を落とす。信綱には子がなく、景勝は兼続に信綱の妻との結婚を命じた（信綱も婿養子だった）。こうして兼続は直江家を継ぎ、家老として景勝を支えることになる。

秀吉に気に入られ30万石の領主に

代替わりした当時の上杉家は織田家と敵対していたが、信長の死後に織田家の実権を握った羽柴秀吉（のちの豊臣秀吉）とは、秀吉が天下人になる前から良好な関係を築いている。

1585（天正13）年、秀吉は供を連れて越後国を訪れ、景勝・兼続と面会した。供のなかには、のちに兼続の盟友となる石田三成の姿もあり、これが兼続と三成の初対面とされている。内容は不明だが、秀吉・景勝・三成・兼続の４人のみで４時間ほど密談し、このときに景勝と兼続は秀吉に従うことを決断したと見られている（越水の会）。

翌年に上洛した景勝と兼続は、改めて秀吉への臣従を誓う。その後は秀吉の許可を得て佐渡島を平定したほか、小田原征伐や朝鮮出兵（文禄・慶長の役）にも参加した。

1598（慶長３）年には秀吉から領地替えの命令が下り、上杉家は越後国から会津（福島県会津若松市）に移った。石高は約120万石に増え、関東の徳川家康、中国地方の毛利輝元に継ぐ大大名となった。**兼続には米沢（山形県米沢市）の約30万石の領地が与えられた。**

同年９月に秀吉が死去すると、徳川家康はすぐさま豊臣家の掌握に乗り出した。景勝と家康はともに豊臣政権の舵取りを担う五大老という立場であったが、じつは会津への領地替えには家康の監視という目的もあり、両者の仲は良好とはいえなかった。

関ヶ原の戦いの早期決着は大誤算

新たな領国ではインフラ整備が急務であり、景勝と兼続は城の修築や道路・橋の敷設などを進めていた。ところが、これを謀反の準備と家康に讒言（事実をねじ曲げて人を悪く言うこと）する者がいた。家康は景勝に上洛したうえでの弁明を求めたが、兼続は断固として拒んだ。そのときに送った返書を要約すると次のようになる。

「景勝に逆心ありと申す者こそ疑うべきであり、先にそちらを調べるのが筋です。讒言を簡単に信じてしまう内府様（家康のこと）こそ、良くないことをたくらんでいるのではないでしょうか。上杉の家来だった者が讒言したことは私たちも存じています。昨日まで逆心を持っていた者が、上洛して褒美をもらうような世の中であってはいけません。そう考えると、景勝と内府様のどちらが正しいかはおのずと明らかでしょう」

世にいう「直江状」である。原文は必要以上に丁寧で、読み手の神経を逆なでするような文章になっている。今日では写しのみが存在し、偽書とする説や、後世に書き直されたとする説もある。ただし、書簡のやり取りがあったことは事実で、家康に対して無礼な内容だったことは間違いないだろう。兼続の気の強さと、主君である景勝への忠義心の強さがうかがえる。

これに**激怒した家康は全国の諸大名に上杉討伐の号令をかけた。**1600（慶長５）年７月、大坂城を出た家康が会津への進軍を開始すると、兼続の盟友である石田三成が家康に対して兵を挙げる。それを下野国の小山（栃木県小山市）で知った家康は、急きょ進路を変え、三成を討つべく西へと向かった。

一説に兼続と三成は、家康を東西から挟み撃ちにする策を考えていたという。同年10月14日、兼続は家康を追撃する前に後方の安全を確保すべく、徳川陣営の最上家の領国である出羽国（現在の山形県と秋田県）に侵攻した（慶長出羽合戦）。

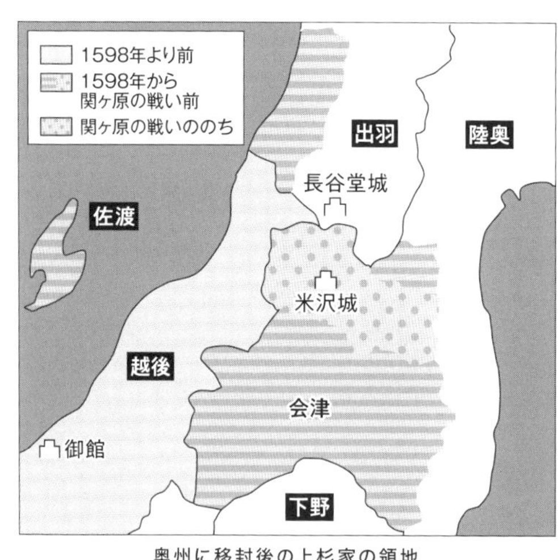

奥州に移封後の上杉家の領地

いくつかの城を難なく落とした上杉軍だったが、長谷堂城（山形市）は城兵の抵抗が激しく、なかなか落とすことができない。そうした状況で迎えた11月４日、関ヶ原の戦い（岐阜県関ケ原町）で三成が敗れたとの報せが兼続に届く。上杉軍の出羽国への侵攻から、少なくとも１カ月は西での戦いが続くと思っていた兼続には大きな誤算だった。

兼続はただちに長谷堂城への攻撃を止め、全軍に退却を命じた。**みずから殿（退却時に軍の最後尾を担当する部隊）を務めた兼続の巧みな指揮により、上杉軍はほぼ無傷で米沢への帰還を果たした。**このときの采配は敵の最上家からも賞賛されている。

なお、兼続と三成が共謀して家康を討とうとしていたことを示す同時代の史料はなく、後世の後づけとする見方もある。

悪化した財政の再建に尽力

家康による戦後処理の結果、上杉家は会津を没収され、領地は米沢30万石のみとなった。江戸（東京都）に幕府が開かれると米沢藩が成立する。景勝は領地が減っても家来を解雇しなかったため、米沢藩は慢性的な財政不安に陥った。兼続は新田開発を推し進め、それにともなう治水事業も精力的に行った。最上川の川岸に築かれた総延長10kmにおよぶ堤防は「直江石堤」と呼ばれている。**こうした取り組みの結果、実質的な石高は約50万石まで上昇したと見られている。**

兼続は学問にも熱心であり、古代中国の詩文集を最新の印刷技術を用いてみずから出版したほか、晩年には禅林文庫という学問所を米沢に創設した。

徳川家との関係修復も進み、1614（慶長19）年から翌年にかけて行われた大坂の役（冬の陣・夏の陣）では、上杉家は徳川方として参戦した。また、時期は前後するが、兼続には景明という息子がいたにもかかわらず、1604（慶長９）年に徳川家重臣の本多正信の二男である政重を養子に迎えている。ただし、数年後に養子縁組は解消され、景明も1615（慶長20）年に病死した。

結局、兼続は跡継ぎをもうけることなく、1620（元和５）年にこの世を去り、直江家は断絶した。米沢藩の財政負担を少しでも軽くするため、あえて断絶させたともいわれている。

豆知識

1. 兼続の兜には「愛」の一字をかたどった前立てが取りつけられていた。由来は諸説あり、兼続が信奉していた仏教の愛染明王、あるいは愛宕神社の祭神である愛宕権現にあやかったとする説が有力だ。
2. 関ヶ原の戦いののち、上杉家の領地石高は約30万石に減らされ、兼続の領地も約６万石となった。兼続はそのうち約５万5000石を同僚や家来に分け与えたという。敗戦の責任を感じていたのだろう。

18日目

信長より早く畿内を制圧した名将

三好長慶

◆生没／1522（大永2）～1564（永禄7）年
◆タイプ／冷静沈着・理性的

ポイント

1. 17年かけて父の仇を討つ。
2. 将軍家を超える権勢を朝廷が容認。
3. 身内の相次ぐ死で生きる力を失う。

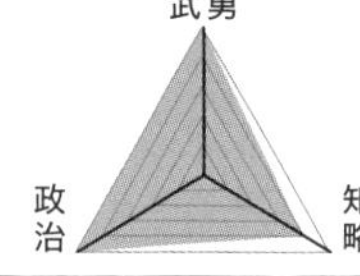

父の仇のもとで復讐の機を待つ

「天下人」といえば、多くの人は豊臣秀吉と徳川家康を思い浮かべるだろう。あるいは「天下布武」をスローガンにした織田信長の名を挙げる人もいるかもしれない。阿波国（現在の徳島県）出身の戦国武将・三好長慶は、**その信長の約20年前に独自の政権を京都に打ち立てており、近年になって再評価が進んでいる。**

三好家は9世紀の清和天皇をルーツとする清和源氏の一族で、鎌倉時代に阿波国の領地を得て土着し、室町時代に同国の守護代となった。守護を務めたのは、室町幕府の管領でもあった細川家である。

長慶は1522（大永2）年に三好元長の嫡男として生まれた。当時、主君の細川晴元は同族の細川高国と争っており、元長は高国を倒して晴元に細川宗家の家督をもたらした。しかし、間もなく元長は晴元と対立する。三好一族のなかにも元長を良く思わない者がおり、その1人である三好政長と晴元が扇動した一向一揆によって、元長は自害に追い込まれた。

この一向一揆はその後も勢力を増し、扇動した晴元や政長でさえ抑えることができなくなっていた。このとき、両者の間に入って和睦に導いたのが長慶である。ただし、当時はまだ元服前の12歳であり、実際の交渉は叔父の康長が行っていた可能性が高い。

長慶にとって晴元は父の仇だったが、若年の長慶には対抗する手段がなく、その晴元のもとで力を蓄えることになる。18歳のときには摂津国（現在の大阪府北中部、兵庫県南東部）の越水城（兵庫県西宮市）の城主となる。以降、長慶は本領の阿波国にもどることはなく、摂津国を拠点とした。

当時は細川家の内紛が完全に収まったわけではなく、晴元は高国の養子である氏綱と争っていた。２人の主君にあたる第12代将軍・足利義晴は氏綱を支持し、晴元と敵対する。晴元と長慶に攻められた義晴は、京都から近江国の坂本（滋賀県大津市）に逃れた。義晴の子の足利義輝は1547（天文15）年にこの坂本で第13代将軍に就任している。

同年、晴元と氏綱は摂津国の舎利寺（大阪市）周辺で激突し、長慶らの活躍で晴元陣営が勝利を収めた（舎利寺の戦い）。一説にこの合戦の直後、長慶は氏綱陣営にいた武将から、自分の父の死に三好政長が関わっていることを知らされたという。長慶は晴元に政長の討伐を願い出るが、政長を重用していた晴元は認めなかった。

長慶は越水城の軍議で、「政長をかばうのであれば晴元も敵とする」との方針を固め、晴元に謀反を起こす。かつての敵であった細川氏綱と手を結び、1549（天文18）年に晴元軍と激突した。この江口の戦い（大阪市）で政長は討ち死にし、晴元は足利義晴と将軍・義輝のいる近江国へと逃れた。父の死から17年を経て、長慶はようやくその仇を討ったのである。

優秀な３人の弟に支えられる

長慶は新しい主人である氏綱を意のままに操った。将軍は依然として近江国にあり、京都を中心とする畿内の政治は長慶にゆだねられていた。**こうして誕生したのが「三好政権」であり、長慶は事実上の天下人となった。**

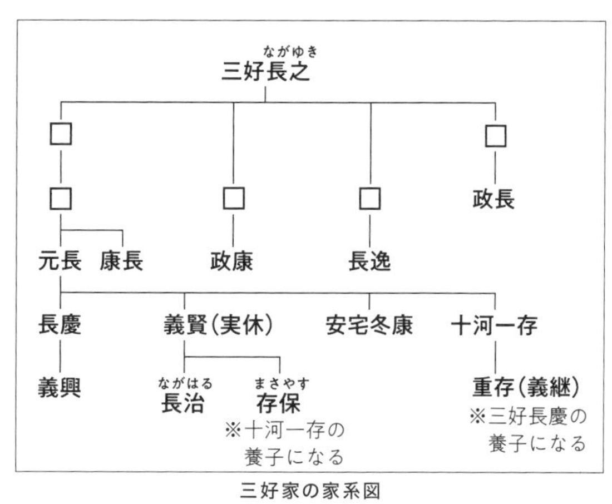

三好家の家系図

この三好政権を支えたの

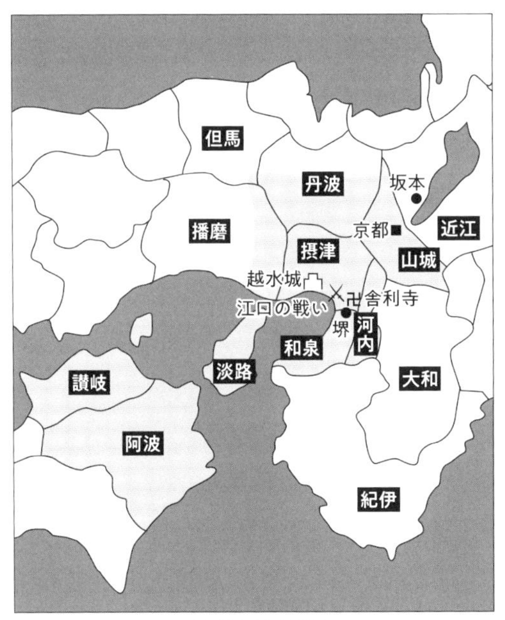

三好家の勢力範囲

は、いずれも優秀な長慶の３人の弟たちだ。次弟の三好実休（じっきゅう）（義賢（よしかた））は阿波細川家の実権を握って阿波国を支配し、三弟の安宅冬康（あたぎふゆやす）は安宅水軍を率いて大坂湾の制海権を握った。末弟の十河一存（そごうかずまさ）は“鬼十河（おにそごう）”と呼ばれる猛将であり、数々の合戦で三好家に勝利をもたらした。**これら兄弟の支配地も含めると、三好政権の支配下に置かれた地域は10カ国以上におよび、長慶はのちに「日本の副王」の異名を得ている。**

三好政権は朝廷からも認められた。室町時代、元号を改める改元は、朝廷と幕府将軍の合議によって進められてきたが、三好政権下の「弘治（こうじ）」から「永禄（えいろく）」への改元は、朝廷と長慶の主導で行われた。これは朝廷が長慶を将軍に代わる存在として認めていたことを意味する。当然のことながら、時の将軍である足利義輝はこれに反発した。しかし、永禄元年の終わりに長慶と義輝の和睦がいったん成立し、永禄の元号は正式に認められることとなった。

三好政権の樹立以降、義輝は長慶の暗殺をくわだてたりしたが、長慶は義輝を許した。良くいえば優しく、悪くいえば厳しさの足りない人物であった。じつは、若いころの長慶は敵を容赦（ようしゃ）なく斬り捨てていた。弟の冬康はそんな兄に鈴虫を贈り、「夏の虫でも大切に育てれば冬まで生きる。人間ならなおのこと」と諫（いさ）めた。これを機に長慶は改心し、残酷な振る舞いを慎（つつし）むようになったという。

信長の政策との共通点

長慶が掲（かか）げる旗印（はたじるし）に書かれていた言葉は「理世安民（りせいあんみん）」。**「道理にもとづいて世の中を治め、民を安心させる」**という意味だ。長慶は用水路の敷設をめぐる農村の争いなどもみずから裁いているが、その裁断はおおむね公平だったといえる。

長慶の政策には、のちの織田信長の政策との共通点がいくつかある。たとえば、信長は商業都市だった堺（大阪府堺市）を直轄化しているが、長慶も堺を支配下に置き、海外との貿易を振興している。合戦における鉄砲の導入も、信長より早い。

家格にとらわれず、実力本位の人材登用を行ったことも信長と似ている。長慶の場合は松永久秀の抜擢がそれにあたる。後世において梟雄（残忍で荒々しい人物）と呼ばれる久秀は、一説にもとは商人で、1533（天文２）年ごろに長慶の家来となり、のちに大和国（現在の奈良県）の統治などを任されている。

ただし、この久秀の抜擢が三好政権の崩壊を早めた可能性もある。長慶の身内は1561（永禄４）年以降に相次いで死亡しており、そのいくつかに久秀が関与していたともいわれているのだ。

最初の不幸は末弟である一存の急死だ。これには一存と仲の悪かった久秀による暗殺説がある。翌1562（永禄５）年には次弟の実休が戦死し、さらにその翌年には長慶の一人息子である義興が22歳の若さで病死した。

相次ぐ身内の死に長慶は精神を病み、1564（永禄７）年には三弟の冬康を謀反の疑いで殺害してしまう。俗説では、冬康を疑うように仕向けたのが久秀とされている。ただし、一存の件も含め久秀の関与を示す同時代の史料はなく、後世の創作の可能性も少なくない。

冬康を手にかけたのちに無実だと知った長慶の後悔は大きく、その２カ月後に失意のなかで病死した。43歳だった。

長慶の死後、三好家の家督は一存の子である三好義継に引き継がれ、政権運営は同族の三好三人衆（三好長逸・三好政康・岩成友通）と久秀にゆだねられた。しかし両陣営は対立し、政権は急速に弱体化していく。

信長が上洛したのは長慶の死から４年後のこと。久秀は信長の家来となり、三好三人衆は京都を追われた。三好政権はこうして消滅した。

豆知識

1. 長慶は文化人としての素養も備えており、たびたび連歌会を開催している。連歌の腕前は高く、江戸時代前期の著名な歌人である松永貞徳も長慶を模範にしたという。

2. 長慶は織田信長と同じく、キリスト教の布教を許可した。長慶自身が入信することはなかったが、居城の一つである飯盛城（大阪府四条畷市・大東市）では73人の家来が集団で洗礼を受けたという。

19 日目

野望を抱き続けた奥州の“独眼竜”

伊達政宗

◆生没／1567（永禄10）年～1636（寛永13）年
◆タイプ／野心家

ポイント

1. 母に毒を盛られ、弟を殺害する!?
2. 死に装束のパフォーマンスで窮地を脱する。
3. 徳川家の問題児を婿とし、幕府に警戒される。

スキル

武勇
政治
知略

幼少期に病気で右目を失明

戦国武将のなかでもトップクラスの知名度を誇る伊達政宗。初代の仙台藩主であり、宮城県ではとくに絶大な人気を得ているが、出身地は出羽国（現在の山形県、秋田県の一部）の米沢、現在の山形県米沢市だ。

伊達家は、貴族である藤原氏の流れをくむ一族で、鎌倉時代に源頼朝から陸奥国（現在の福島県、宮城県、岩手県、青森県、秋田県の一部）伊達郡（現在の福島県伊達市を中心とする一帯）の土地を与えられ、伊達という名字を名乗るようになった。政宗の曾祖父の稙宗は陸奥国の守護に、祖父の晴宗は奥州探題（奥州全域を統治する室町幕府の役職）に任じられており、伊達家は奥州（東北地方）の名門であったといえる。晴宗は拠点を米沢に移し、政宗は晴宗の子である輝宗の嫡男として、1567（永禄10）年に米沢城で生まれた。

母の義姫は出羽国の大名・最上家の出身で、のちに兄の最上義光と政宗が戦場で対峙した際には、両陣営の間に居座り、最終的に和睦させている。このように勝ち気な性格だったことから“鬼姫”と呼ばれることもあった。

政宗の代名詞ともいえる「独眼竜」という異名は、幼少期にかかった病気が原因で右目を失明したことによる。失明して以来、義姫は政宗を遠ざけ、代わりに二男の小次郎を溺愛した。

幼少期の政宗は引っ込み思案な性格だったが、学問の師である僧侶の虎哉宗乙や、兄とも呼べる存在であった近習（主君の側に仕える若い武将）の片倉小十郎

（景綱）の導きもあり、文武両道の武将へと成長していった。

反伊達連合に勝利して奥州南部を平定

父の輝宗は1584（天正12）年に隠居し、政宗は18歳で伊達家の当主となるが、早くも大きな試練が訪れる。伊達家に敗れて領地を没収された二本松城（福島県二本松市）の城主・二本松義継が、突如として輝宗を連れ去ったのだ。この騒動の結末は文献によって異なり、輝宗は義継に刺殺されたとも、義継もろとも政宗の命令で射殺されたとも伝わっている（政宗は現場にいなかったとする説もある）。**いずれにせよ、この一件は政宗と母との間にしこりを残すことになった。**

父の弔い合戦に臨んだ政宗は二本松城を包囲する。しかし、会津（福島県会津若松市）の蘆名家や常陸国（現在の茨城県）の佐竹家を中心とする反伊達連合軍が二本松家に加勢し、政宗は撤退した（人取橋の戦い）。

この合戦ののち、反伊達連合との和睦が１度は成立するが、蘆名家の後継者問題を機に関係は再び悪化する。対立を深める伊達家と蘆名家は1589（天正17）年、会津磐梯山の麓で激突した。この摺上原の戦い（福島県磐梯町・猪苗代町）で勝利した政宗は奥州の南部を平定した。**家督相続からわずか５年で、現在の宮城県、福島県、山形県にまたがる広大な領地を手にしたのである。**

天下人を喜ばせたパフォーマンス

ちょうどそのころ、関白の豊臣秀吉は全国統一の総仕上げに動いていた。1590（天正18）年、全国の大名に号令し、小田原（神奈川県小田原市）を本拠地とする北条家の討伐を開始する。参戦の要請は奥州の諸大名にも届くが、輝宗の代から北条家と友好関係にあった伊達家では家来たちの意見が割れた。

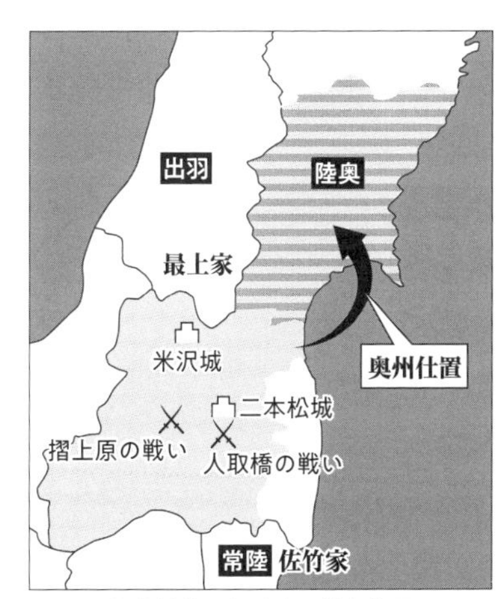

移封前後の伊達家の勢力範囲

ここで家中をゆるがす一大事が起こる。**伊達家の行く末を案じた義姫が政宗の食事**

に毒を盛ったのである。幸いにも政宗は一命を取り留めたが、謀反の火種を見過ごすことはできない。とはいえ、実の母を手にかけるわけにもいかず、政宗は思案の末に弟の小次郎を謀反の首謀者として斬った（追放したとする説もある）。小次郎を失った母は、実家の最上家に帰ってしまう。

ただし、のちに政宗と義姫は和解しており、たがいのことを思いやる手紙をやり取りしている。母子の確執自体が後世の創作とする説もあり、政宗暗殺未遂事件と小次郎の死の真相は不明だ。

こうした一連のできごとを経て、政宗は秀吉に従うことを決断する。しかし、大幅に遅れての参陣であり、秀吉が激怒していることは明らかだった。そこで政宗は白装束をまとって出頭した。**白装束は“死に装束”であり、「すでに死は覚悟している」という意思表示である。**肝の据わった態度を見せた政宗を秀吉は許した。とはいえ、完全に許されたわけではなく、秀吉の奥州仕置（奥州の諸大名の領地加増や処罰、配置換えなど）によって、およそ150万石だった伊達家の領地はおよそ72万石まで減らされている。

この奥州仕置からまもなく、奥州で一揆（葛西大崎一揆）が起こる。直後には政宗が発行したとされる、一揆を扇動する内容の檄文（決起をうながす文書）が見つかった。今日の研究では、政宗の扇動は事実であり、鎮圧の功績でさらなる領地を手にしようという魂胆であったと考えられている。しかし、それを認めてしまえば自身の極刑は免れず、政宗は秀吉のもとで弁明することになった。

じつは、政宗は事前に策を講じていた。大名は書状に花押というサインを記す。政宗の花押は鶺鴒という鳥を模した形状をしており、過去に秀吉に送った書状は、鶺鴒の目の部分に小さな穴が空けられていた。しかし、一揆の檄文ではその穴を開けておらず、檄文は偽物との結論がくだされた。政宗にはこうした用心深い一面もあった。

その後、政宗は聚楽第（京都にある豊臣政権の政庁）で再び秀吉に面会した。**京都入りした際には、磔で用いられる柱に金箔を貼りつけ、それを行列の先頭に押し立てて市中を練り歩いたという。**

1592（天正20）年に始まる朝鮮出兵（文禄・慶長の役）にも政宗は従軍しており、伊達軍の将兵のきらびやかな身なりは注目を浴びた。洒落た身なりの男性を意味する「伊達男（だておとこ）」という言葉は、一説に政宗が由来であるという。

幕府が最も警戒した男

現代において政宗は「10年早く生まれていれば天下を取れていた」といわれることも少なくない。その評価が正しいかはともかく、**政宗が最後まで領地の拡大に執念を燃やし、徳川家康や江戸幕府から最も警戒されていた大名であることは間違いない。**

たとえば1600（慶長５）年の関ヶ原の戦い（岐阜県関ケ原町）では、政宗は家康の六男である松平忠輝（まつだいらただてる）に娘を嫁（とつ）がせていたこともあり、東軍に属していた。ところが同時期、同じ東軍の南部（なんぶ）家の所領（現在の岩手県南部一帯）で政宗は一揆（岩崎（いわさき）一揆）を起こさせている。混乱に乗じて領地を増やそうとしたのだ。しかし、計画は失敗に終わり、自身が首謀者であることが家康に知られてしまう。東軍として戦ったことで手にするはずだった領地のほとんどは得られなかった。いわゆる「百万石のお墨付（すみつ）き」をフイにしてしまったのである。

関ヶ原の戦いの翌年には本拠地を仙台に移すことを家康に許され、仙台藩が成立した。藩を富ませるための政策の一つとして、1613（慶長18）年には家来の支倉常長（はせくらつねなが）を大使とする通商目的の使節団（慶長遣欧（けんおう）使節）をスペインに派遣するが、幕府が鎖国政策を敷いたことで１回限りの派遣で終わってしまった。

家康の最晩年にあたる1616（元和（げんな）２）年にも、政宗が謀反をたくらんでいるとの噂（うわさ）が立つ。忠輝は家康と仲が悪く、義父の政宗を後（うし）ろ盾（だて）として挙兵するのではないかと思われていた。政宗にその気はなかったが、万が一のときは幕府軍を迎え撃つべく、仙台の防衛計画を家来に練（ね）らせていたという。

そんな政宗も晩年は丸くなり、第３代将軍・徳川家光に対しては「上様（うえさま）に異心（いしん）を抱く者があれば自分が征伐する」と忠誠を誓った。家光も政宗を実の父のように慕（した）っていたと伝わる。

豆知識

1. 政宗は料理を趣味にしており、「馳走（ちそう）とは旬の品をさり気なく出し、主人みずから料理してもてなすこと」との言葉を遺している。一説に伊達巻き、ずんだ餅は政宗の考案とされるが、定かではない。
2. 政宗の霊廟（れいびょう）（死者を祀（まつ）る施設）の再建にともなう1974（昭和49）年の発掘調査では、政宗の遺骨や副葬品が出土している。分析の結果、政宗の身長は159.4cmで血液型はＢ型と判明した。

20日目 豊臣家と運命をともにした“日本一の兵” 真田信繁(さなだのぶしげ)

◆生没／1567（永禄10）年～1615（慶長20）年
◆タイプ／実直で忠義に厚い

ポイント
1. 父の昌幸は戦国一の食わせ者。
2. 真田丸で徳川軍の猛攻をしのぎ切る。
3. 家康を追いつめるも無念の最期を遂げる。

スキル

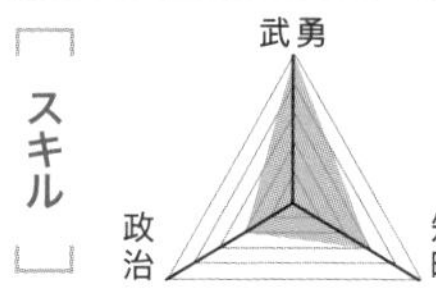

親子3代にわたって武田家に仕える

「真田信繁」と聞いてピンと来ない人でも、「真田幸村(ゆきむら)」なら知っているのではないだろうか。幸村の名は江戸時代に書かれた軍記物語『難波(なにわ)戦記』などで広まったものであり、本来の名前は信繁という。

真田氏のルーツははっきりしないが、信繁の祖父の幸隆(ゆきたか)（幸綱(ゆきつな)とも）は海野(うんの)という豪族の出身で、信濃(しなの)国小県(ちいさがた)郡の真田郷（長野県上田(うえだ)市）に領地を得て真田を名乗るようになったという。幸隆は遅くとも1548（天文(てんぶん)17）年までに甲斐(かい)国（現在の山梨県）の大名である武田信玄の家来となり、信玄が落とせなかった砥石(といし)城（上田市）を、計略を駆使してわずか1日で落としている。

幸隆の没後の1575（天正(てんしょう)3）年に起こった長篠(ながしの)の戦い（愛知県新城(しんしろ)市）で幸隆の長男と二男は討ち死にし、真田家の家督(かとく)は他家の養子となっていた三男の昌幸(まさゆき)が受け継いだ。**この昌幸も幸隆に勝るとも劣らない智将である。**

昌幸は1566（永禄(えいろく)9）年に長男の信之(のぶゆき)を、翌年に二男の信繁をもうけた（信繁の生年は他説あり）。兄弟の仲は非常に良く、のちに信之は「信繁が天下に名を挙げたのは当然のこと」と弟の才能を高く評価し、さらに信繁の性格については**「柔和で我慢強く、言葉は少ないが腹を立てることはない」**と語っている。江戸時代に書かれたほかの文献にも「信繁には気難しいところがなく、人と会話をすると笑いが絶えず、すぐに打ち解けた」とあり、人あたりの良い人物だったようだ。

寝返りをくり返して所領を維持

織田信長が差し向けた軍勢によって1582（天正10）年に武田家は滅亡し、その領地が織田家のものになると、真田家は織田家に服従する。しかし、同年に起こった本能寺の変で信長は命を落としてしまう。

かつての武田領を治めていた織田家の重臣たちは逃亡、あるいは死去し、領主不在となった甲斐国・信濃国・上野（こうずけ）国（現在の群馬県）をめぐって東海の徳川家康、関東の北条家、越後（えちご）国（現在の新潟県）の上杉景勝（かげかつ）ら大名が争奪戦をくり広げた（天正壬午（じんご）の乱）。そして真田家もこの争いに巻き込まれていく。

３つの大名家に対し、小領主に過ぎない真田家がまともに立ち向かうことはできない。そこで昌幸は、従う大名を乗りかえながら所領の維持を図った。**織田家を離れたあと、昌幸は数カ月の間に上杉、北条、徳川と主君を変え、1585（天正13）年には再度、上杉家の傘下（さんか）に入った。**

上杉家に２度目に仕えた際には、19歳の信繁が人質として送られた。ただし、若いころの信繁の動向を伝える史料はほとんどなく、どのような生活を送っていたのかは不明だ。

昌幸は家康の命令で1583（天正11）年に上田城（上田市）を築いている。上杉から徳川を守るための城だったが、真田が上杉に寝返ったことで徳川軍の攻撃を受けることとなった。こうして1585年に行われたのが第一次上田合戦である。

兵数約8000の徳川軍に対し真田軍は約2000程度だったが、昌幸は城内に柵（さく）を築いて敵の動きを封じるといった戦術を駆使し、勝利を収めた。**徳川軍が1300人ほどの戦死者を出したのに対し、真田軍の戦死者は40人ほどであったという。**

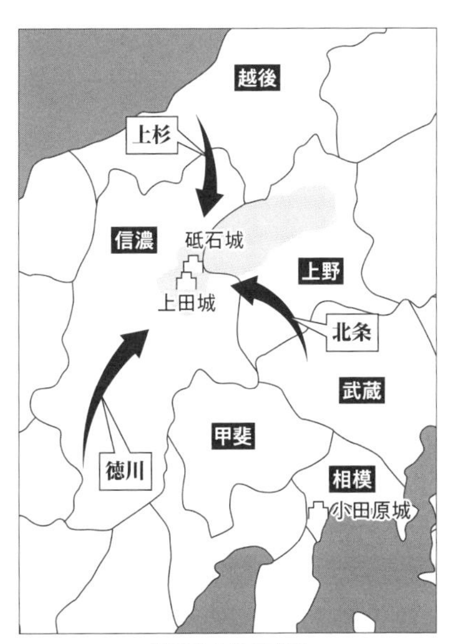

真田家の勢力範囲

親子ともども九度山に流罪

この合戦のあと、真田家は豊臣秀吉に臣従し、信濃国の大名として独立を果たした。秀吉による昌幸の評価は「表裏比興の者」。「何を考えているかわからない、油断のならない人物」という意味だ。

信繁は豊臣家への臣従の証しとして大坂城（大阪市）に送られた。秀吉にかわいがられ、馬廻衆（護衛役）を務めたほか、豊臣の姓もたまわっている。

初陣は24歳と遅く、秀吉による全国統一の総仕上げとなった1590（天正18）年の小田原征伐とされているが、これより早く初陣を済ませていたとする説もある。いずれにせよ、信繁自身が指揮した合戦は意外に少なく、後述する大坂冬の陣と夏の陣の２回のみだ。

秀吉が死去した後は家康が豊臣政権の実権を握り、1600（慶長５）年には謀反の疑いのある上杉景勝を討伐すべく、その領国である会津（福島県会津若松市）へと兵を向ける。当初、真田家はこの上杉討伐軍に加わろうとしていたが、犬伏（栃木県佐野市）の陣中にて、反家康派の中心人物である石田三成から、協力を求める書状が届く。

昌幸の妻（信之と信繁の生母）は三成の妻と姉妹であり（諸説あり）、信繁も豊臣家の重臣で三成の盟友だった大谷吉継の娘を妻としていた。一方、信之の妻は徳川家重臣の本多忠勝の娘であり、３人の親子はここで異なる道を歩むことになる。世にいう「犬伏の別れ」だ。**昌幸のこの決断には、家康と三成のどちらが勝っても真田の家名が残るという思惑もあった。**

同年の第二次上田合戦では、昌幸・信繁親子は上田城にこもって、関ヶ原（岐阜県関ケ原町）へと向かう家康の三男・徳川秀忠の軍勢を足止めした。しかし、関ヶ原の戦いで三成は敗れ、昌幸と信繁も降伏する。信之と本多忠勝の嘆願で死罪こそ免れたが、真田親子は流罪となり、九度山（和歌山県九度山町）での10年以上にわたる幽閉生活のなかで昌幸は病死した。

秀吉の恩義に報いるための戦い

1614（慶長19）年、徳川家と豊臣家の間では決戦の気運が高まっており、豊臣家は全国の浪人たちを大坂城に集めた。信繁も密かに九度山を脱出し、大坂城に馳せ参じた。これを伝え聞いた家康は、すでに昌幸は死んでいるのにもかかわらず「大坂城に入ったのは父親か息子か」と側近にたずね、息子だとわかると安心した表情を見せたという。家康がいかに昌幸を恐れていたかがわかる。そして、その息子も恐るべき武将であることを家康はまだ知らなかった。

豊臣軍は大坂城での籠城を選択し、信繁は守りの弱い城の南東部分に、「真田丸」と呼ばれる出丸（出城）を築いた。**開戦後は迫り来る徳川の大軍にこの真田丸から無数の矢弾を浴びせ、出城を守り抜いた（大坂冬の陣）。**こうして武名をとどろかせた信繁に対し、家康は信濃一国を条件に寝返りを持ちかけたが、信繁は固辞した。父や自身を引き立てた秀吉の恩に報いることが信繁の望みだったのである。

約半年間の休戦期間を経て、徳川家と豊臣家は再び激突する（大坂夏の陣）。和睦時の取り決めにより、大坂城の防衛の要である堀が埋め立てられていたため、豊臣軍は野戦を選択した。信繁はともに豊臣軍の指揮官を務める後藤又兵衛（基次）、毛利勝永らと連携し、進軍中の徳川軍を奇襲する作戦を立てた。ところが深い霧のため、信繁は着陣が大幅に遅れてしまう。先に着陣していた又兵衛は単独で徳川軍に攻めかかり、討ち死にした。責任を痛感した信繁は自害しようとしたが、勝永に止められ、大坂城に帰還した。

豊臣・徳川両軍は大坂城周辺で最後の決戦に臨む。**天王寺（大阪市）に布陣した信繁は敵の本陣を目がけて突撃し、家康の部隊を３里（約12㎞）も後退させたという。**家康は自害も覚悟したが、態勢を立て直すと再び攻勢に出る。苦境に立たされた信繁は、安居神社（大阪市）で休息しているところを敵兵に討たれた。秀吉の嫡男である秀頼と生母の淀殿も自害し、豊臣家は滅んだ。

信繁は敗れたものの、壮絶な戦いぶりと豊臣家への厚い忠義は人々の心を打ち、「日本一の兵」と称えられた。

豆知識

1. マンガやゲームではイケメンに描かれることも多い信繁だが、43～47歳ごろの本人の書状によれば、当時の信繁は歯が抜け落ち、ヒゲにも白髪が多かったそうだ。また、額には刀傷があったと伝わる。
2. 真田幸村（信繁）を主人公とする江戸時代以降の軍記物語や講談では、幸村配下の「真田十勇士」が活躍する。いずれも架空の人物だが、その１人である猿飛佐助は忍者の代名詞にもなっている。

21 日目

幕府の高官だった
“最初の戦国大名”

北条早雲

◆生没／1432(永享4)年もしくは1456(康正2)年～1519(永正16)年
◆タイプ／用心深い

ポイント
1. 他家の争いを収める調整力を備えていた。
2. 伊豆国の有力者を倒して一国の主に。
3. 領地では一揆が起こらなかった。

スキル

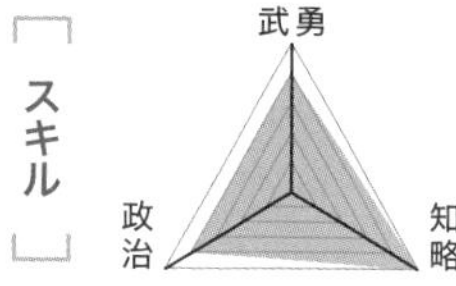

成り上がり者ではなくエリートだった

江戸時代に書かれた軍記物語などの影響により、北条早雲は一介の浪人から戦国大名に成り上がったと見られていた。しかし、昭和期以降の研究でその説は否定されている。北条早雲という名前は本人が名乗ったわけではなく、本来の名前は「伊勢盛時」という。出家後に「早雲庵宗瑞」を名乗り、その死後に息子の氏綱が名字を「北条」に改めたことで、「北条早雲」と呼ばれるようになった。

伊勢氏は桓武天皇を祖先とする桓武平氏の一族で、室町幕府では政所（財政や訴訟などを取りあつかう機関）の長官などを務めていた。早雲はその分家の出身と見られ、父は備中国（現在の岡山県西部）の高越城（井原市）の城主とされる。早雲の生年は諸説あり、最も有力なのは1456（康正２）年説だ。若いころは、第８代将軍・足利義政の弟である義視に仕えていたという。

早雲の妹（一説に姉）は駿河国（現在の静岡県中部）の大名である今川義忠に嫁いでいたが、義忠は1476（文明８）年に戦死し、その嫡男の龍王丸（早雲の甥）と、義忠の従兄弟にあたる小鹿範満の間で家督争いが起こる。早雲はこの争いを収めるために駿河国へおもむいた。

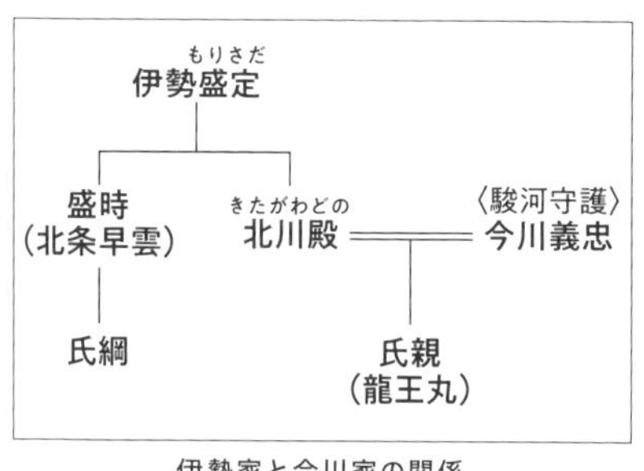

伊勢家と今川家の関係

龍王丸はまだ幼く、早雲は龍王丸が成長するまで範満に家督を代行させることで御家騒動を落着させた。この解決策は足利義政からも認められていることから、早雲の一連の行動は幕府の命令によるものと考えられている。

京都にもどった早雲は、1483（文明15）年から第９代将軍・足利義尚の申次衆を務めた。**これは首相秘書官のような役職で、将軍御所を訪ねてきた者の用件を取り次いだ。早雲は幕府の家来のなかでもエリートだったということができる。**

そのころ、今川家では龍王丸の成長後も範満が家督を握り続けており、再び駿河国におもむいた早雲は1487（長享元）年に範満を自害させた。正式に当主となった龍王丸は氏親と名を改め、早雲に興国寺城（静岡県沼津市）を与えた。以降、早雲は幕府のもとを離れ、今川家の客将となる。

家来の身から実力で一国の主となる

当時、駿河国の隣にある伊豆国（現在の静岡県東部）は堀越公方が支配していた。この堀越公方は、鎌倉府とその長官である鎌倉公方が滅んだのち、関東の地を治めるため新たに設置された機関で、義政の弟の足利政知がその任に就いていた。1491（延徳３）年、その政知が死去すると、家督争いが起こる。政知の子の茶々丸が異母弟の潤童子とその母である円満院を殺害し、強引に公方の座に就いたのである。

早雲の居城である興国寺城は伊豆半島の付け根に位置しており、江戸時代前期に成立した軍記物語『北条五代記』によれば、早雲はどこにでもいるような老人のフリをし、修禅寺（伊豆市）の温泉につかりながら、伊豆国に関する情報を収集していたという。

1493（明応２）年、早雲は軍勢を率いて堀越御所（伊豆の国市）を襲撃し、茶々丸を伊豆国から追放した。茶々丸に殺害された円満院は第11代将軍・足利義澄の生母であり、潤童子は義澄の弟にあたる（つまり茶々丸と義澄は異母兄弟）。したがってこの「伊豆討ち入り」も早雲の独断ではなく、幕府からの命令

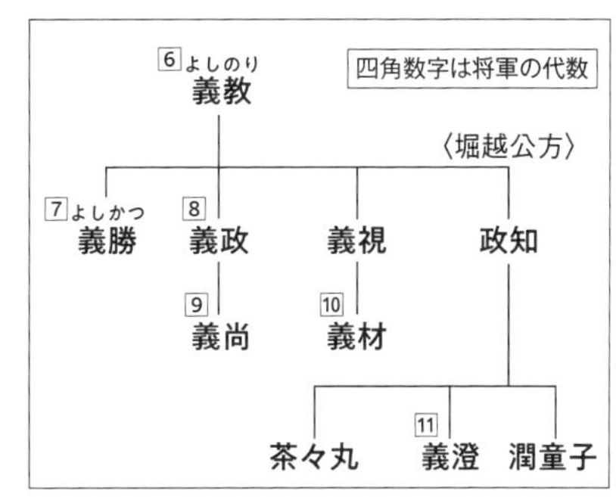

将軍家と堀越公方の関係

だった可能性が高い。なお、早雲は伊豆討ち入りの前後に出家している。

早雲は韮山（伊豆の国市）に新しい城を築き、伊豆国を支配する際の拠点とした。降伏した敵に対しては寛大であり、所領の維持を約束している。年貢に関しても従来の五公五民（50％を徴収）から四公六民（40％を徴収）に改め、領民の負担を減らした。こうした善政の結果、多くの領民や武士が早雲に従った。『北条五代記』によれば、伊豆討ち入りからわずか１カ月で伊豆国を平定したという。

戦国大名には、鎌倉幕府や室町幕府の役職である守護の座にもとから就いていた者（いわゆる守護大名）と、その家来という立場から下剋上をくり返して一国の主となった者（狭義の戦国大名）の２種類がある。後者のケースは早雲以前に例がなく、**今日において早雲は「最初の戦国大名」とも呼ばれている。**また、この伊豆討ち入りをもって戦国時代の始まりとする見方もある。

家訓が示す用心深い性格

早雲は伊豆国に続いて相模国（現在の神奈川県）にも侵攻する。足がかりとして目をつけたのが、のちに北条家の拠点となる小田原城（小田原市）だ。城主の大森家は、早雲も従っていた関東の有力大名である扇谷上杉家の重臣だったが、当時は扇谷上杉家も大森家も当主の代替わりの時期にあり、家中の統制が弱まった隙を突いて早雲は小田原城を奪い取った。

この事件は同じ時代の史料にとぼしく、くわしいことはわかっていない。以下に記す経過は『相州兵乱記』など後世の軍記物語にもとづく。

早雲が手にした領地

早雲はまず、新しい城主に贈り物をし、自分のことを信用させた。そのうえで大森家の領地で鹿狩りを行う許可を取りつけ、勢子（鹿を追い立てる役目の者）に偽装した兵を送り込んだ。その後は角に松明を付けた1000頭の牛を小田原城下に放ち、混乱した隙をついて城を奪い取ったという。

このように早雲は、軍記物語のなかでは卑怯とも呼べる策を用いて城や国を奪い取っており、後世において梟雄（残忍で荒々しい人物）との評価を得ている。ただし、『相州兵乱記』は成立年も著者も不詳であり、信ぴょう性は低い。

少なくとも、領民にとっては名君であった。早雲は1506（永正３）年から全国の大名に先駆けて相模国で検地を行っている。耕作地の広さや収穫量などを調べ（ただし、当時は領主の自己申告による指出検地）、それをもとに正確かつ公平な年貢の取り立てを行った。税率が四公六民だったこともあるが、**北条家の領地では以後100年にわたって一揆が起こらなかったという。**

また、真偽は不明だが、早雲の度量の大きさを示す次の逸話も伝わっている。ある日、小田原城下で馬泥棒が捕まった。その馬泥棒は裁きの場で「自分の罪など軽いもの。あのお方（早雲）は国を盗んだ大罪人ではありませんか」と早雲をののしった。これを聞いた早雲は怒ることなく、「誠にそのとおり」と笑い、馬泥棒を釈放したという。

そうした豪快さとは真逆の一面もある。早雲は21カ条からなる家訓（『早雲寺殿廿一箇条』）を遺しているが、「早寝早起きを心がけること」「つねに身だしなみを整えること」「外壁や屋根はみずから点検し、修繕を怠らぬこと」「火の始末に気をつけること」など、日常生活に関する注意点が細かく記されており、用心深い性格だったことがうかがえる。

その後も早雲は相模国を中心に関東各地を転戦する。同族でありながら仲の悪かった扇谷上杉家と関東管領の山内上杉家が手を組み、早雲に対抗したことで苦戦を強いられたが、1516（永正13）年には相模国の守護である三浦家を滅ぼし、伊豆国に続いて相模国も平定した。

1518（永正15）に家督を嫡男の氏綱にゆずった早雲は、その翌年に韮山城で死去した。

豆知識

1. 早雲と交流のあった連歌師の宗長によれば、早雲は「針すらも蔵に蓄えておくが、合戦では高価な物でも打ち砕いた」という。普段は倹約家だがケチではなく、金を使うべきところをわきまえていたのだ。
2. 早雲は八丈島をはじめとする伊豆諸島にも兵を出している。1515（永正12）年に八丈島で行われた合戦では三浦家の水軍を破り、伊豆諸島における北条家（伊勢家）の支配が確定した。

22日目

敵に背中を見せなかった
“相模の獅子”

北条氏康

◆生没／1515（永正12）年～1571（元亀2）年
◆タイプ／義理堅い

ポイント

1. 少年時代は鉄砲の音で気絶するほど臆病。
2. 自軍の10倍もの敵軍を奇襲で撃破。
3. 徳川家康も参考にしたほどの善政。

スキル

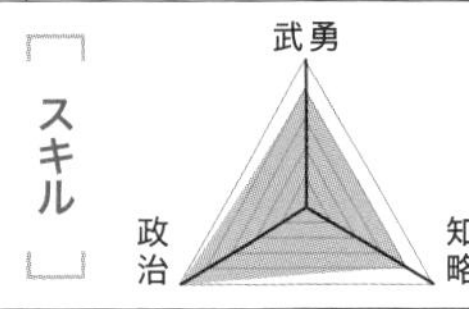

顔の傷は勇将の証し

北条早雲（伊勢宗瑞）を初代とする北条氏は、鎌倉幕府の執権を務めた鎌倉北条氏と区別するために「後北条氏」や「小田原北条氏」とも呼ばれる。

名字を「伊勢」から「北条」に改めたのは早雲の長男である氏綱だ。一説に、氏綱の妻は鎌倉北条氏をルーツに持つ一族の出身であるという。伊勢氏は関東の豪族にとってはなじみの薄い、いわば“よそ者”。一方で鎌倉北条氏は幕府の執権として関東を実質的に支配した歴史があり、**氏綱は関東支配の正当性を得るために、北条の名字と家紋を用いた**のである。

北条氏康は、この氏綱の長男として生まれた。少年時代は臆病な性格で、鉄砲の音におどろいて気絶し、それを恥じて自害しようとしたという。しかし、世話役の家来から「初めてのことにおどろくのは当然のことで、何事も事前の心構えが大切」と諭され、その後は堂々とした振る舞いを見せるようになったと伝わる。

15歳で迎えた初陣では、籠城していた城から討って出て敵軍を破る活躍を見せた。**氏康は生涯で36回の合戦を経験しているが、1度も敵に後ろ姿を見せたことがなかったという。**顔面に二つ、体の正面に七つあった刀傷は「氏康の向こう傷」と呼ばれ、武勇の証しとして諸将から賞賛された。こうした勇猛さから氏康は「相模の獅子」の異名を得ている。

父の氏綱は、早雲が死去した1519（永正16）年以降に本拠地を伊豆国（現在の静岡県東部）の韮山城（伊豆の国市）から相模国（現在の神奈川県）の小田原城（小田原市）に移した。その後は武蔵国（現在の東京都、埼玉県、神奈川県の一部）にも勢力を広げ、1537（天文6）年までに武蔵国の重要拠点である江戸城（東京都千代田区）や河越城（埼玉県川越市）を手にしている。

1541（天文10）年に氏綱が死去すると、家督は長男の氏康に受け継がれた。氏綱は死に際して5カ条からなる訓戒状を氏康に遺し、“義”（人としての正しい道）の大切さや、領民への慈しみの心を説いた。また、第5条では勝ち戦が続くことで生じるおごりや油断を戒めている。**「勝って兜の緒を締めよ」**のことわざはここから生まれた。

三大奇襲戦の一つ「河越夜戦」

初代の早雲以来、北条家の主な抗争相手となったのは、古河公方の足利家、関東管領の山内上杉家、その分家にあたる扇谷上杉家だ。古河公方は、鎌倉公方だった足利成氏が、その補佐役である関東管領の上杉家当主を殺害したことで、上杉家や幕府などと対立し、鎌倉を追われて下総国の古河（現在の茨城県古河市）に御所を構えたことに始まる。これらの勢力は、協力と敵対をくり返しながら、それぞれ領地の維持や拡大に努めていた。

1546（天文15）年、この3家を中心とした連合軍が河越城を北条家から取り返すべく侵攻する。その兵数は約8万、対する河越城の守備兵は約3000と伝わる。氏康は約8000の兵を率いて救援に駆けつけたが、それでも兵力には大きな差があり、まともに戦っては勝ち目がない。

そこで氏康は**偽りの降伏状で敵を油断させ、夜を待って奇襲を仕掛けた。**その際、味方の兵士には音を消すために鎧を脱がせている。暗闇のなか、突如として北条軍が襲ってくると連合軍はたちまち大混乱に陥り、合戦は北条軍の圧勝に終わった。**この河越城の戦い（河越夜戦とも）は、毛利元就の厳島の戦い（広島県廿日市市）、織田信長の桶狭間の戦い（愛知県名古屋市もしくは豊明市）とともに「日本三大奇襲戦」の一つに数えられている。**

ただし、河越城の戦いは同時代の史料がとぼしく、江戸時代に成立した書物の記述が通説として語られている。したがって連合軍の8万という兵数も多分に盛られている可能性がある。

山内上杉家はその後も北条家に領地を奪われ、越後国（現在の新潟県）の大名である長尾景虎（のちの上杉謙信）に助けを求めた。協力を約束した景虎は1552（天文21）年から関東に出兵し、氏康と熾烈な戦いをくり広げることとなる。

当時の氏康は甲斐国（現在の山梨県）の武田信玄、駿河国（現在の静岡県中部）と遠江国（現在の静岡県西部）の今川義元とも敵対関係にあったが、**北条・武田・今川の３家は1554（天文23）年に同盟（甲相駿三国同盟）を結ぶ。**これにより、氏康は景虎との戦いに注力できるようになる。1561（永禄４）年、小田原城は長尾軍を含む約10万の大軍勢に包囲されたが、氏康は武田家の協力を得て城を守り抜いた（小田原城の戦い）。

日本初の上水道・小田原用水

氏康は合戦だけでなく、領国の統治でも優れた手腕を発揮している。北条家ではほかの戦国大名に先駆けて、早雲の代から田畑の広さや収穫量を調査する検地を実施していたが、氏康は自身の直轄領だけでなく、有力家臣や有力寺社の領地に対しても検地を行った（ただし、当時は領主の自己申告による指出検地）。

その結果をもとに『小田原衆所領役帳』という家臣団の基本台帳を作成し、所領の収穫高にもとづいて軍役（合戦で兵を出す義務）や普請役（建設などの労働の義務）などを課した。**当時は功をあせる家来が、必要以上に多くの領民を合戦に動員するケースもあり、この台帳は領民の負担軽減につながったと見られている。**また、氏康は年貢以外の税制に関しても、複数の種類があった税金の統廃合を推し進めた。

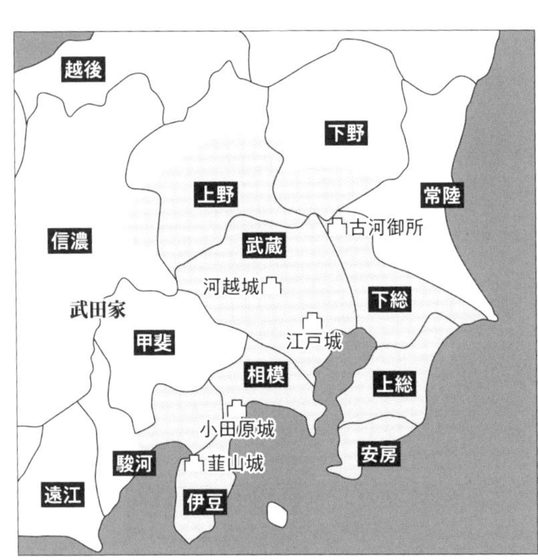

北条家の最大版図

氏康の代には小田原城を中心とするインフラの整備も進んだ。なかでも芦ノ湖（神奈川県箱根町）を水源とする小田原用水は日本初の上水道とされている。

今川を助け、武田と敵対する

今川義元は1560（永禄３）年の桶狭間の戦いで敗死し、今川家の舵取りは嫡男の氏真が担うこととなった。武田信玄は1568（永禄11）年に三河国（現在の愛知県東部）の大名である徳川家康と手を組み、弱体化が進んでいた今川家の領地に侵攻する。一方の氏康は今川家との関係を重んじ、娘の夫である氏真を助けた。これにより北条と武田も敵対関係となり、三国同盟は崩壊する。氏康は信玄に対抗するため、宿敵の上杉謙信と同盟を結んだ。

1569（永禄12）年に信玄が相模国への侵攻を開始すると、氏康は小田原城で迎え撃った。武田軍は北条軍を城からおびき出すために挑発をくり返したが、氏康が誘いに乗ることはなく、信玄は城の包囲を解いた。しかし、その直後の三増峠の戦い（神奈川県愛川町）で北条軍は武田軍に敗れている。

氏康は1570（元亀元）年ごろから病気になり、その翌年に57歳で死去した。武田との戦いでは上杉からの支援がなく、すでに家督を継いでいた二男の氏政への遺言では、上杉と手を切り、再び武田と同盟を結ぶように伝えたという。

氏政はその言葉どおりに武田勝頼（信玄の四男）と同盟を結ぶが、８年後に手切れとなり、その後は織田信長や家康に接近した。暗君とも評される氏政だが、北条家にとって過去最大の領地を手にしている。

しかし、関東の覇者というプライドが邪魔をしたのか、氏政は豊臣秀吉に降伏するタイミングを見誤ってしまう。1590（天正18）年、およそ20万の豊臣軍に攻められた北条家は籠城の末に降伏する（小田原征伐）。氏政は切腹し、息子で第５代当主の氏直は高野山（和歌山県高野町）に追放となった。**関東の北条家はこうして滅亡したが、のちに関東を支配した家康がその統治を参考にしたと見られている。**

豆知識

1. 借金を帳消しにする徳政令は、当主の代替わり時に出されることが慣例だった。氏康の治世では飢饉や疫病が領民を苦しめていたことから、氏康は徳政令を出すために45歳で家督を氏政にゆずった。
2. 氏康が当主だったころの北条軍には、黄・赤・青・白・黒で色分けされた「北条五色備」と呼ばれる部隊があった。黄色の部隊を率いた勇将の北条綱成は「地黄八幡」の異名で広く知られる。

23日目

貴族にあこがれた西日本の名族

大内義隆（おおうちよしたか）

◆生没／1507（永正4）年～1551（天文20）年
◆タイプ／復古主義

ポイント

1. 大内家最大の領地を築く。
2. 後継者を失うと統治を家来に丸投げ。
3. 文化事業に注力して「西の京」が栄える。

スキル

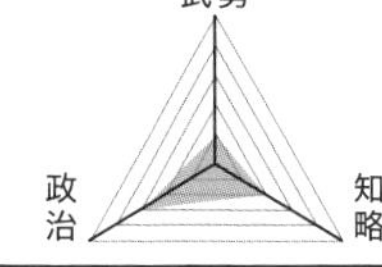

父は室町幕府の事実上のトップ

戦国大名の多くは源氏や平氏、藤原氏の子孫だが、**中国地方の大名・大内家は、6～7世紀ごろに日本へやってきた百済（くだら）（朝鮮半島にかつて存在した国家）の王族の子孫を自称していた。**当初は厩戸王（うまやとおう）（聖徳太子）からたまわった多々良（たたら）という姓を名乗り、周防国（すおうのくに）（現在の山口県南東部）の大内村（山口市）に本拠を移すと、平安時代末期以降に大内と称した。

南北朝時代の当主・大内弘世（ひろよ）は、周防国と長門国（ながとのくに）（現在の山口県西部）の守護を兼任していた。京都を訪れた際にはその美しい街並みに感銘（かんめい）を受け、本拠地を大内村から山口（山口市）に移して、京都を模した街づくりを始めた。以降、山口は「西の京（にしのきょう）」と呼ばれるようになる。

大内家は大陸の明（みん）王朝や朝鮮王朝との貿易を通じて富を蓄え、室町幕府にも強い影響力を持っていた。戦国時代初期の当主で、一時は7カ国もの守護を務めた大内義興（よしおき）は、**政争に敗れて京都を追放されていた幕府第10代将軍・足利義材（あしかがよしき）（義稙（よしたね））を保護し、再び将軍の座に就けている。**当時の義興は幕府の事実上のトップだったといえるだろう。

大内義隆はこの義興の嫡男（ちゃくなん）として1507（永正（えいしょう）4）年に生まれた。当時の大内家は山陰（さんいん）地方の大名である尼子（あまご）家と中国地方の覇権を争っており、義隆は18歳だった1524（大永（だいえい）4）年に、安芸国（あきのくに）（現在の広島県西部）へ攻めてきた尼子軍との合戦で初陣（ういじん）を果たした。

九州北部も領地に加える

父の義興はその５年後に死去し、義隆が新たな当主となる。それにともない、父が務めていた周防・長門・石見（現在の島根県西部）など６カ国の守護も引き継いだ。過去の大内家では代替わりの際に内紛が起こることも少なくなかったが、義隆は生まれたころから後継者に指名されていたこともあり、相続に反対する親族や家来はいなかった。

義隆は1530（享禄３）年から九州にも出兵し、筑前国（現在の福岡県西部）の少弐家や豊後国（現在の大分県）の大友家といった大名としのぎを削った。

1534（天文３）年には少弐家の重臣を寝返らせ、その勢力を削ぐことに成功する。また、義隆は朝廷に多額の献金を行っており、1536（天文５）年には大宰府（九州の統治を目的とした朝廷の出先機関）の次官となった。**これは九州に出兵する大義名分を得たことを意味し、義隆は同年に少弐家を倒し、九州北部も領地に加えた。**

翌年には第12代将軍・足利義晴から、幕府の政治に参加するよう求められるが、当時は山陰の尼子家が不穏な様子を見せており、この上洛は実現しなかった。

後継者を失って貴族文化に没頭

順調に勢力を伸ばしていた大内家は、1542（天文11）年に大きな転機を迎える。義隆はみずから大軍を率いて出雲国（現在の島根県東部）に侵攻し、尼子家の本拠地である月山富田城（安来市）を包囲した（第一次月山富田城の戦い）。両軍の兵数は大内軍が約４万5000、尼子軍

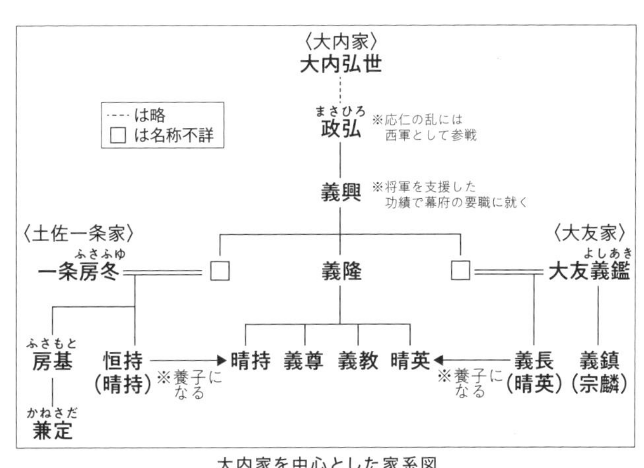

大内家を中心とした家系図

が約１万5000と伝わる。

兵力では大差をつけていた大内軍だったが、月山富田城は全国でも指折りの堅城であり、なかなか落とすことができない。**合戦が長期化するなかで大内軍に加わっていた国人たちが次々と尼子方に寝返り、大内軍は撤退した。**

このとき、義隆の養子の大内晴持（一条恒持）は海路からの退却を試みるも、乗った船が転覆し、命を落としてしまう。晴持は公家の名門をルーツに持つ大名家から迎えた養子で、義隆も目を掛けていた。**その息子を失った悲しみは深く、義隆は合戦や政治への意欲を失ってしまう。**

以降の義隆は、軍事面は武断派（主に軍事などを担当する武将）の重臣に、内政は文治派（主に内政を担当する武将）の重臣に一任し、自身は文芸に没頭するようになる。

当時の山口には京都の動乱から逃れた文化人や学者、僧侶たちが続々と来訪し、和歌や連歌などの歌会がたびたび催されていた。**義隆の貴族文化に対するあこがれは強く、貴族のような装いで牛車に乗ることもあったという。**また、山口では「大内版」と呼ばれる独自の印刷技術が発達し、義隆は漢詩の普及にも貢献した。西の京としての山口は、義隆のもとで全盛期を迎えたのである。

ザビエルと面会し、布教を認める

1550（天文19）年には、日本にキリスト教を伝えたイエズス会宣教師のフランシスコ・ザビエルと山口で面会している。このときのザビエルは態度や身なりに礼節を欠いたうえ、義隆の衆道（男色）を批判した。これに怒った義隆はザビエルを早々に山口から追い出してしまう。

しかしながら、３度目の面会時にはザビエルが贈り物を持参していたこともあり、義隆は自領内での布教を認めたうえ、大道寺という廃寺（山口市金古曽町）をザビエルに与えた。**ザビエルはここを拠点として布教活動に取り組んだことから、大道寺は日本初の教会とされている**（現存はせず、跡地はザビエル記念公園となっている）。また、義隆は厳島神社をはじめとする寺社も手厚く保護している。

義隆が文芸に没頭している間、大内家では文治派と武断派の対立が生じていた。**1551（天文20）年、主家の今後を案じた武断派の重臣・陶晴賢が謀反を起こす。**

あくまで義隆個人に対する謀反であり、自身が大内家に取って代わろうとしたわけではない。新たな当主には豊後国の大名である大友宗麟の異母弟で、義隆の姉を母に持つ大友晴英（大内義長）を立てた。

晴賢の挙兵を知った義隆は山口から長門国へ落ち延び、海路から縁戚のいる石見国に向かおうとしたが、暴風雨のため船を出すことができず、大寧寺（長門市）で自害した（大寧寺の変）。45歳だった。

大内家の実権を握った晴賢は、1555（天文24）年の厳島の戦い（広島県廿日市市）で安芸国の毛利元就に敗れて自害する。新当主の義長も毛利軍に追いつめられて命を絶ち、1557（弘治３）年に大内家は滅亡した。なお、義隆の実子で幼少の義尊、義教らも一連の騒動のなかで殺害されている。

大内家の実質的な最後の当主となった義隆は、暗君と評されることも少なくない。しかし、大内家の領地は義隆の代に過去最大となっており、今日では再評価も進んでいる。

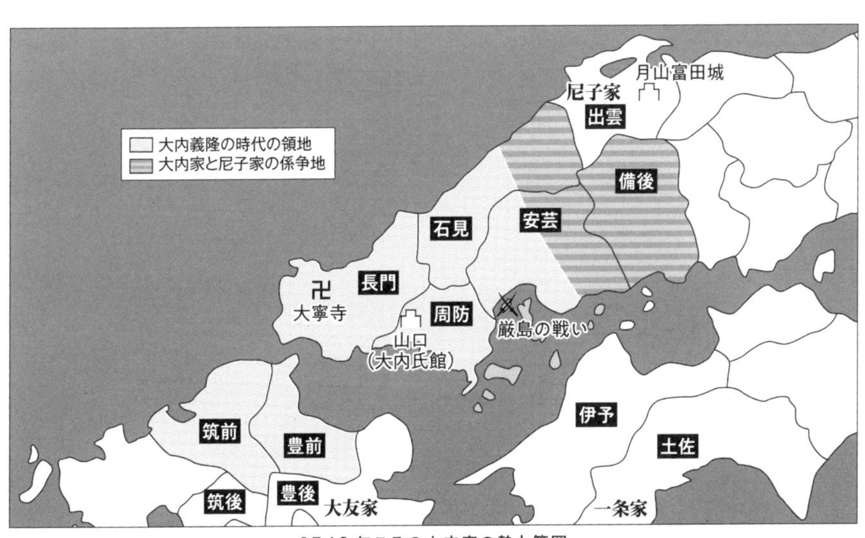

1540年ごろの大内家の勢力範囲

豆知識

1. ザビエルと面会した義隆は鉄砲、時計、鏡、眼鏡などを贈られている。このときの眼鏡は日本初の眼鏡とされているが、義隆が実際に着用していたかは定かではない。
2. 義隆は朝廷への献金を積極的に行い、1548（天文17）年に従二位の位階を得ている。これは第12代将軍・足利義晴よりも高位であり、当時の武士のなかで最も位が高かった。

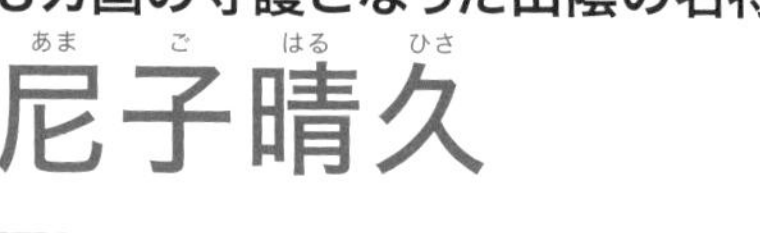

24日目 8カ国の守護となった山陰の名将 尼子晴久

◆生没／1514（永正11）年～1561（永禄3）年
◆タイプ／野心家・血気盛ん

ポイント

1. 戦国時代きっての謀将を祖父に持つ。
2. 支配地域における尼子家当主の権力を強化する。
3. 元就の攻撃から石見銀山を守り切る。

スキル

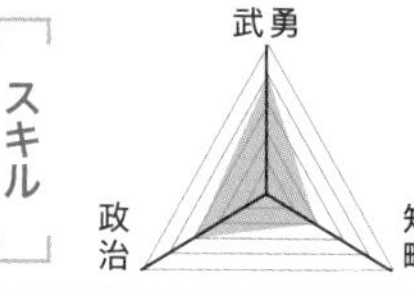

下剋上で大名となった尼子家

戦国時代に中国地方の広大な地域を支配した尼子家は、下剋上で成り上がった典型的な戦国大名といえる。もとは出雲国（現在の島根県東部）の守護代であり、守護の京極家に代わって出雲国におもむき、そのまま定住した。両家はいずれも平安時代の宇多天皇を祖先に持ち、尼子家は京極家の分家にあたる。

15世紀後半の当主・尼子経久は、室町幕府に納める税を横領するなど反抗心の強い人物で、1度は幕府や京極家によって居城の月山富田城（安来市）から追放されている。しかし、1486（文明18）年に策を駆使して城を奪い返し、主君である京極政経の死後に大名として独立した。

その後は出雲国内を平定し、備後国（現在の広島県東部）や石見国（現在の島根県西部）、伯耆国（現在の鳥取県中西部）にも進出する。**当時の中国地方は11の国に分けられており、経久はそのすべてを制圧したわけではないが、支配領域が広範囲にわたっていたことから「十一ヶ国太守」と呼ばれた。**

謀略を得意としたことから「謀聖」との異名も得ているが、一方で無私無欲の人でもあった。家来から持ち物をほめられるとその場で与えてしまう癖があり、冬の寒い日に小袖一枚で過ごしたという逸話が残る。経久の領国経営は本人のカリスマ性によるところが大きく、制度的な支配体制の確立には至らなかった。この課題は孫の晴久に引き継がれた。

晴久は1514（永正11）年に尼子政久の二男として生まれた。当初の名前は詮久という。父の政久は経久の嫡男だったが、家督をゆずられる前の1518（永正15）年に戦死した（1513年とする説も）。晴久の兄も幼くして亡くなっており、二男の晴久は跡継ぎとして育てられた。

1530（享禄３）年には経久の三男・塩冶興久が謀反を起こし、晴久は叔父との戦いのなかで初陣を迎えた。経久は４年の歳月をかけてこの反乱を鎮め、1537（天文６）年に家督を晴久にゆずって隠居した。

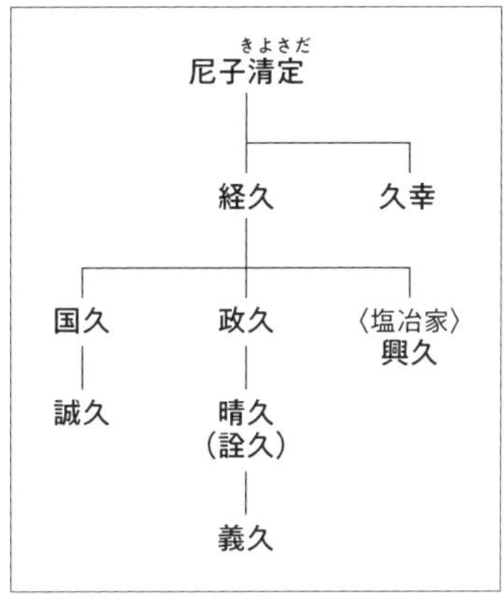

尼子家を中心とした家系図

威勢を見せつけるべく上洛を目論む

中国地方では周防国（現在の山口県南東部）と長門国（現在の山口県西部）を本拠とする大内家も尼子家と並ぶ強国だったが、当時の大内家は九州北部の大名・大友家との戦いに専念していた。**24歳で尼子家の当主となった晴久は、そのすきを突いて大内家が支配していた石見銀山（大田市）を奪い、財政基盤を強化した。**

翌1538（天文７）年には播磨国（現在の兵庫県南西部）に侵攻する。この遠征の最終的な目的は上洛だったと見られているが、遠征が開始された時点で、室町幕府・第12代将軍の足利義晴は、晴久に幕府政治への参加を求めてはいなかった（ただし、のちに要請している）。

晴久が上洛しようとした理由は諸説あり、大内家をけん制するためとも、近隣の豪族に尼子家の威勢を見せつけるためともいわれている。いずれにせよ、晴久が旺盛な野心の持ち主だったことは間違いないだろう。

しかし、1539（天文８）年になると大内家と大友家の和睦が成立し、尼子家は石見銀山を奪われてしまう。**晴久は低下しつつあった尼子家の求心力を回復すべく、大内家の傘下にあった安芸国（現在の広島県西部）の国人・毛利元就の討伐を決める。**加えてこの安芸国への侵攻には、大内家と戦ううえで重要拠点となる城を守る目的もあったと考えられている。

祖父の経久やその弟の久幸はこの遠征に反対し、とくに久幸は晴久を「短慮で大将の器にあらず。血の気が多くて仁義に欠く」と非難したが、晴久は聞く耳を持たなかった。

尼子軍の兵数は約３万、対する毛利軍は約2400と圧倒的な差があったが、尼子軍は長期の遠征で兵の士気が下がっており、兵糧の確保にも苦労していた。**やがて大内家の援軍が到着すると尼子軍の敗北は決定的となり、晴久は撤退した（吉田郡山城の戦い）。なお、晴久を諫めた久幸はこの合戦で討ち死にしたという。**

中国地方の最大勢力となる

晴久の苦境はなおも続く。敗戦直後の1541（天文10）年11月に経久が84歳で死去し、多くの国人が大内方に寝返った。これを好機と見た大内家当主の大内義隆は、尼子家との抗争に決着を着けるべく、1542（天文11）年に月山富田城へと侵攻した。

ところが、今度は義隆が国人たちの移り気に翻弄される。月山富田城は全国有数の堅城であり、合戦が長期化するなかで大内方の国人が再度、尼子方に寝返ったのである。この第一次月山富田城の戦いは大内軍の大敗に終わった。

逆襲に転じた晴久は奪われていた土地を再び制圧し、1543（天文12）年には石見銀山を奪還する。その後は因幡国（現在の鳥取県東部）や美作国（現在の岡山県北東部、兵庫県の一部）、備前国（現在の岡山県南東部、香川県の一部、兵庫県の一部）にも勢力を広げた。

1552年時の尼子家の勢力範囲

一方の大内家では、1551（天文20）年に重臣の謀反が起こり、当主の義隆が自害に追い込まれた。**大内家の没落によって尼子家が中国地方最大の大名となり、晴久は翌1552（天文21）年に幕府から中国地方８カ国の守護に任じられた。**この時期が尼子家の全盛期といえる。

身内を粛清して尼子家当主の権力を強化

晴久はこのころから支配体制の改革に着手している。国人たちの領地替えや直臣（じきしん）（直属の家来）への取り立て、あるいは領国各地への奉行の派遣などを通じて、尼子家当主に権力を集中させる中央集権体制を築き上げていった。

改革は国人だけでなく親族も対象となった。尼子家の軍事基盤は叔父の尼子国久（くにひさ）（経久の二男）が率いる精鋭部隊「新宮党（しんぐうとう）」が担（にな）っていたが、国久と子の誠久（まさひさ）はそのことを鼻にかけ、晴久を軽んじる言動も目立っていたという。**国久の娘を妻としていた晴久は、妻の死後の1554（天文23）年に国久と誠久を殺害した。**

この事件は、尼子家を弱体化させるために元就が仕組んだともいわれている。しかし晴久が行ったのは、あくまで新宮党の幹部の粛清（しゅくせい）であり、党自体は存続している。軍事力の低下は最小限に抑えられており、この粛清も晴久による統制強化策の一環ととらえるのが妥当（だとう）だ。

1557（弘治（こうじ）３）年には元就が大内家を滅ぼし、中国地方は尼子と毛利の二強時代へと突入する。両陣営が各地で激戦をくり広げるなか、晴久は1561（永禄（えいろく）３）年に47歳で急死した。その存命中、１度も石見銀山を奪うことができなかった元就は、「１度でいいから旗本（はたもと）（直臣（じきしん））同士で戦いたかった」と言って、好敵手の死をいたんだと伝わる。

尼子家の家督は晴久の嫡男（ちゃくなん）である義久（よしひさ）へと受け継がれた。しかし、20代の若武者では老練（ろうれん）な元就に対抗できず、1565（永禄８）年に始まる第二次月山富田城の戦いの結果、大名としての尼子家は滅亡した。

豆知識

1. 塩冶興久の謀反に見舞われた尼子経久は、一時的に大内家と和睦した。大内家の傘下（さんか）にあった毛利家との関係も改善し、1531（享禄４）年には18歳の晴久と35歳の元就が兄弟の契（ちぎ）りを結んでいる。
2. 晴久は出雲国西部の宇龍（うりゅう）や杵築（きつき）（ともに出雲市）の港を押さえ、明王朝や朝鮮王朝との貿易に力を入れた。支配地域だった飯梨川（いいなし）（安来市）の流域からは明国製・朝鮮製の陶器や鏡などが出土している。

策略を駆使して
西国最大の大名となった謀将

25日目 毛利元就

◆生没／1497（明応6）年～1571（元亀2）年
◆タイプ／実直・堅実

ポイント

1. 幼少期は乞食同然の生活を強いられる。
2. 強国の間を巧みに渡り歩いて勢力を拡大。
3. 子どもたちに結束することの大切さを説く。

スキル

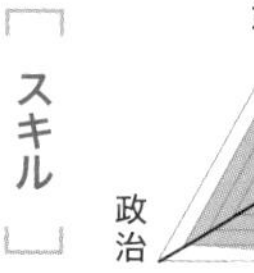

二大勢力に挟まれた小領主

鎌倉幕府の重臣として知られる大江広元は、相模国毛利荘（現在の神奈川県厚木市）に所領を持っており、それを受け継いだ四男の季光は毛利の名字を用いた。この季光から数えて12代目の子孫にあたるのが、戦国時代に中国地方の覇者となった毛利元就である。安芸国（現在の広島県西部）の吉田荘（安芸高田市）にも所領を持っていた毛利家は、室町時代初期に同地に移住し、国人領主となった。

1500年前後の中国地方は、周防国（現在の山口県南東部）を中心に山陽地方を支配する大内家、出雲国（現在の島根県東部）を中心に山陰地方を支配する尼子家という大名が争っていた。安芸国の国人領主たちはいずれかの支配下に収まっており、毛利家は大内家と結んでいた。

元就は1497（明応６）年に毛利弘元の二男として生まれた。幼名は松寿丸という。弘元は若くして家督と本拠地の吉田郡山城（安芸高田市）を長男の興元にゆずり、松寿丸を連れて多治比猿掛城（安芸高田市）に移った。父が1506（永正３）年に病死すると、松寿丸の所領は家来に横領され、城から追い出されてしまう。**その後は孤児同然の身となり、領民から乞食若殿と呼ばれていたという。**

1511（永正８）年、城を奪い取った家来が急死したことで、当時15歳の松寿丸は多治比猿掛城にもどる。立場は分家の当主であり、元服後は多治比元就と名乗った。1516（永正13）年に兄の興元が急死すると、毛利家の家督は興元の嫡男である幸松丸に受け継がれ、叔父の元就はその後見役となった。

父と兄、さらは祖父も酒の飲みすぎで体を壊し、若くして命を落としたことから、元就はほとんど酒を飲まなかったという。先の話になるが、元就は長男の隆元や孫の輝元にも酒をつつしむよう手紙に書いている。

後継者問題に介入した尼子家と決別

代替わり間もない1517（永正14）年、佐東銀山城（広島県広島市）の城主である武田元繁が安芸国人の吉川家を攻めると、吉川家と同盟関係にある毛利家は援軍を出した。この有田中井手の戦い（広島県北広島町）が元就の初陣である。武田家はかつて安芸国の守護も務めた家柄でその**兵力は約5000、対して毛利・吉川連合軍は1000強と大差があったが、連合軍は勝利を収めた。**元就の名は京都にいた大内家当主の大内義興にも知られ、感状（手柄を賞賛する手紙）を与えられたという。なお、圧倒的な兵力差を覆して勝利したことから、この合戦は「西国の桶狭間」とも呼ばれている。

その後、毛利家は大内方から尼子方へと鞍替えする。尼子家当主である尼子経久の妻と、元就の妻はいずれも吉川家出身で、叔母と姪の関係にあった。これが鞍替えの理由の一つとなっている。1523（大永3）年、元就はその経久とともに、大内方の鏡山城（広島県東広島市）を攻め落とす（鏡山城の戦い）。**城主を寝返らせるなど元就の知謀が発揮された戦いだったが、その才能はかえって経久を警戒させた。**

同年に幸松丸が9歳で病死すると、元就は名字を毛利に改め、名実ともに毛利家の主となった。この相続に異を唱える家来は元就の異母弟の相合元綱を盟主に掲げて反乱を起こすが鎮圧される。**この御家騒動は背後で経久が糸を引いていたことから、毛利家は尼子家と決別し、再び大内家に従った。**

16世紀初頭の毛利家の領地

宿敵の経久は孫の晴久に家督をゆず

り、1541（天文10）年に没した。その前年、晴久は吉田郡山城を攻めるが、大内家や近隣国人の援軍を得た元就はこれをはね除ける（吉田郡山城の戦い）。

1542（天文11）年から翌年にかけて、今度は毛利軍を含む大内軍が尼子家の本城である月山富田城（島根県安来市）を攻める。しかし、この城は難攻不落であり、大内軍は大敗してしまう。殿（退却時に軍の最後尾を担当する部隊）を務めた元就は、一時は死を覚悟したという。合戦が長期化するなかで大内方の国人領主の多くが尼子方に寝返り、この第一次月山富田城の戦いは大内家が衰退するきっかけとなった。対照的に毛利家は、近隣の国人領主を次々と配下に加え、勢力を広げていく。

「三本の矢の教え」の真実

1544（天文13）年、元就は後継者の途絶えた小早川家からの要請に応じ、三男の徳寿丸を養子に送り出した。元服後の徳寿丸は隆景と名乗り、二つに分かれていた小早川家を統一する。小早川家を毛利一門としたことで、勢力は瀬戸内海におよび、小早川水軍が味方となった。さらに1547（天文16）年には、亡き正室（正妻）の実家である吉川家の支配もねらい、二男の元春を養子に送り込む。元春は３年後に吉川家の家督を継承し、安芸国の山陰方面の守りを担った。

この間に元就は隠居し、家督を長男の隆元にゆずっているが、引き続き家中の実権を握っていた。**元就・隆元の毛利本家を元春の吉川家と隆景の小早川家が支える、いわゆる「毛利両川」体制はこうして完成した。**

元就とこれら息子たちとの逸話といえば「三本の矢の教え」が有名だ。元就は死の間際に３人の息子を呼び寄せると、「１本の矢を折るのはたやすいが、３本に束ねた矢は簡単には折れない」と述べ、兄弟の結束の大切さを説いたとされる。ただし史実では、隆元は元就より先に死去しており、この逸話は後世につくられたものだ。

逸話のネタ元は元就が1557（弘治３）年に書いた「三子教訓状」だ。この手紙には子どもたちが守るべきことが書かれており、**「兄弟３人の仲が離れてはならない。そうなった場合は３人とも滅ぶであろう」**と戒めている。ちなみに、この三子教訓状の長さは３メートル近くにもおよぶ。これ以外にも元就は数多くの手紙を遺しており、非常に筆まめだったことが知られている。

知謀を駆使して兵力差をくつがえす

毛利家が着々と力を蓄えていた最中の1551（天文20）年、主家の大内家では重臣の陶晴賢による謀反が起こり、当主の大内義隆（義興の長男）が自害に追い込まれた。**当初、元就はこの謀反を支持していたが、間もなく晴賢との関係は悪化し、決戦に向けた策を練りはじめる。**

兵数約２万の陶軍に対して毛利軍は約4000と、まともに戦っては勝ち目がない。しかし、戦場が狭ければ兵数の差はさほど問題にはならない。元就は瀬戸内海に浮かぶ厳島（宮島）を晴賢との決戦の地に選ぶ。こうして1555（天文24）年に起こったのが厳島の戦い（広島県廿日市市）だ。

元就は晴賢を誘い出すため島内におとりの城を築き、「城を奪われては困る」という偽りの情報を流した。目論見どおり、陶軍が厳島への攻撃を開始すると、元就・隆元・元春の軍勢も夜の闇にまぎれて上陸し、敵陣を急襲する。船は隆景が指揮する水軍に焼き払われ、陶軍は壊滅した。

元就は1557年に大内家を滅ぼし、周防国と長門国（現在の山口県西部）を手に入れる。さらに1566（永禄９）年には尼子家との第二次月山富田城の戦いにも勝利し、山陰の支配も確立した。**こうして安芸国の小領主に過ぎなかった毛利家は西日本最大の大名となった。**

元就は晩年まで豊後国（現在の大分県）の大友家や尼子家の残党と激戦をくり広げていたが、病により1571（元亀２）年に没した。

吉川家には元就のものとされる「我、天下を競望せず（私は天下を望まない）」という言葉が伝わっており、元就は息子たちにも「天下を望んではいけない」と戒めていたという。この言葉は、とくに三男の隆景に大きな影響を与えることになる。

豆知識

1. 当時は難しい工事を成功させるために人柱（いけにえとなる人）を生き埋めにする風習があった。元就は吉田郡山城の工事の際にこの風習を取りやめ、代わりに「百万一心」と刻んだ石を埋めたという。
2. 元就と正室の妙玖との夫婦仲はとても良く、元就は妙玖が存命のうちは側室を持たなかった。２人の子である隆元、元春、隆景も愛妻家で、いずれも側室を迎えていない。

26 日目

己を捨てて主家に尽くした
「毛利両川」の一角

小早川隆景

◆生没／1533(天文2)年～1597(慶長2)年
◆タイプ／清廉潔白・慎重

ポイント

1. 水軍を有する小早川家の養子となる。
2. 秀吉の軍を追撃せずに恩を売る。
3. 自身の出世よりも毛利家を優先する。

スキル

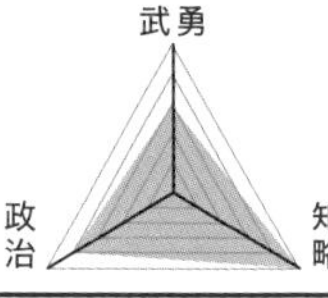

父の知謀を受け継いだ三男坊

戦国時代屈指の謀将と呼ばれる毛利元就には9人（もしくは10人）の息子がいた。**三男の小早川隆景も戦国時代を代表する智将であり、元就の血を最も色濃く受け継いだといえる。**

隆景は1533（天文2）年に毛利家の本城である安芸国（現在の広島県西部）の吉田郡山城（安芸高田市）で生まれた。9人の兄弟のなかでも母親が同じだった長男の毛利隆元、二男の吉川元春、三男の隆景は「毛利三兄弟」と呼ばれている。

隆景が生まれたころの毛利家はまだ大名ではなく、国人領主だった。当時の中国地方は、周防国（現在の山口県南東部）と長門国（現在の山口県西部）を本拠地とする大内家と、出雲国（現在の島根県東部）を本拠地とする尼子家の二大勢力がしのぎを削り、毛利家は大内家の傘下に収まっていた。

大内家の当主である大内義隆は1542（天文11）年から翌年にかけて行われた尼子家との第一次月山富田城の戦い（島根県安来市）で大敗する。合戦が行われている最中から国人たちの尼子方への寝返りが相次ぎ、大内方に留まった毛利家は大内方の国人たちのリーダーとも呼べる立場にあった。

すぐれた外交力で水軍を味方に

安芸国の瀬戸内海沿岸部に根を張る小早川家も、当時は大内傘下の国人である。桓武天皇を祖先とする桓武平氏の一族であり、源平合戦で源義経の配下だった土肥実平の子孫であるという。

戦国時代の小早川家は二つに分かれていた。分家にあたる竹原小早川家では、当主の興景が跡継ぎを残さないまま病死する。その妻は元就の兄の娘であり、竹原小早川家の重臣たちは未亡人の従兄弟にあたる隆景を養子に求めた。当初、元就は難色を示していたが、小早川家を大内陣営につなぎ留めておきたい義隆の強い希望もあり、この縁組を了承した。1544（天文13）年、隆景は12歳で竹原小早川家の当主となった。

小早川家を毛利一門としたことによるメリットの一つに、小早川水軍の取り込みがある。大内家と毛利家は1543（天文12）年から足かけ6年にわたって尼子方の神辺城（広島県福山市）を攻めているが（神辺合戦）、小早川水軍は海上から敵の城や砦を攻撃し、大内・毛利軍の勝利に貢献した。1547（天文16）年には、当時15歳の隆景がこの合戦で初陣を飾り、敵の砦を落とすという武功を挙げている。

そのころ、小早川家の本家である沼田小早川家でも後継者問題が持ち上がっていた。まだ幼い当主の繁平は病により失明しており、大内義隆はその将来を不安視していた。1550（天文19）年、義隆と元就は繁平を強制的に隠居させ、その妹を隆景に嫁がせた。**こうして二つの小早川家は隆景のもとで統合された。**

なお、1547年には元就の二男の元春が母の実家である吉川家の養子になっている。**元春の吉川家と隆景の小早川家は「毛利両川」と呼ばれ、元就と長男・隆元の毛利本家を支えていくことになる。**

大内家では1551（天文20）年に重臣の陶晴賢による謀反が起こり、義隆が自害に追い込まれた。毛利家は1555（天文24）年の厳島の戦い（広島県廿日市市）で晴賢と激突する。**外交力に秀でていた隆景は、瀬戸内海の島々を拠点とする村上水軍も味方につけており、海上からの攻撃で毛利軍の勝利に貢献した。**その2年後に大内家を滅ぼした毛利家は、1566（永禄9）年には尼子家も倒し、中国地方最大の大名となる。

“取り決めを破るのは武士の恥”

元就から家督を引き継いでいた隆元は1563（永禄6）年に41歳で急死し、一族の大黒柱だった元就も1571（元亀2）年に病死した。これにより毛利家は、隆元の嫡男の輝元を中心とする新体制へと移行する。隆景は甥の輝元を厳しく養育し、時に体罰を加えることもあったという。

1570年代に入ると、畿内の支配者となっていた織田信長が毛利家の主な抗争相手となる。中国地方方面軍の司令官を務めた羽柴秀吉（のちの豊臣秀吉）は、1582（天正10）年に毛利方の城である備中国（現在の岡山県西部）の備中高松城（岡山市）を包囲した。

報せを受けた輝元、元春、隆景の３人は約４万の兵を率いて救援に向かう。着陣からしばらくは両軍のにらみ合いが続き、数日後に和睦に向けた交渉が始まった。そして、その最中に本能寺の変が起こる。いち早く情報を得た秀吉は即座に和睦を取りまとめ、京都へと取って返した。

毛利軍が京都での異変を知ったのはその翌日のこと。元春は羽柴軍への追撃を主張したが、隆景は**「和睦の誓紙（誓いの言葉を記した文書）に押した血判が乾かないうちにこれを破るのは武士の恥」**と言って兄を制したという。結果的に隆景は秀吉に恩を売ったことになり、**のちの豊臣政権において毛利家と小早川家が厚遇される要因となった。**

秀吉は謀反の首謀者である明智光秀を倒し、その後は織田家の筆頭家老の柴田勝家と対立する。毛利家はこの時点では中立を保ち、大勢が決したあとで秀吉に臣従した。後世の文献にも、隆景が**即断即決ではなく、熟慮したうえで決断する**

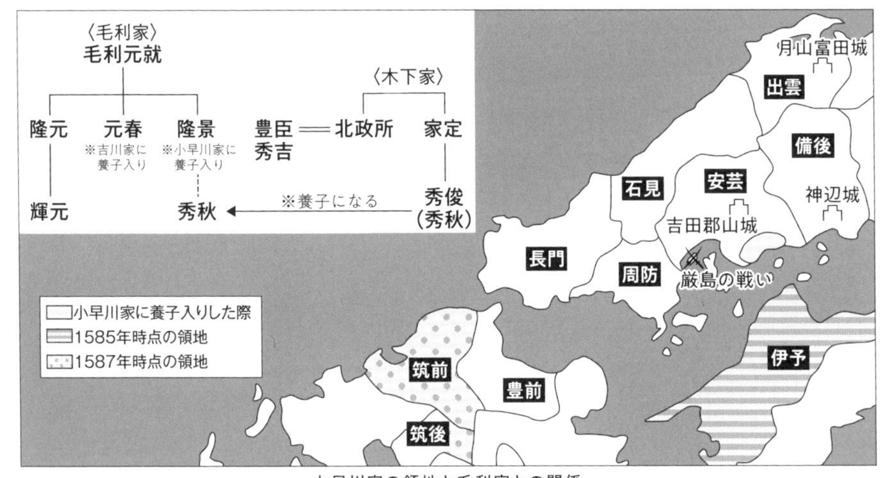

小早川家の領地と毛利家との関係

性格だったことが示されている。

父の遺訓を胸に刻んだ生涯

隆景は1585（天正13）年に行われた秀吉の四国攻めにも参加し、戦後は伊予国（現在の愛媛県）を与えられた。ただし、秀吉から直接与えられるのではなく、形式上、毛利家から与えられることを望んだ。**隆景に大名として独立する野心はなく、毛利家の家来であり続けようとしたのである。**

伊予国を任されていた期間は約２年と短いが、隆景はそつなく統治した。日本に長期滞在していた宣教師のルイス・フロイスは「隆景は深い思慮をもって平和に国を治めた。日本ではめずらしいことだが、伊予国には騒動も謀反もなかった」と、その手腕を評価している。

1586（天正14）年から始まる九州征伐にも隆景は参加した。その最中、兄の元春が病でこの世を去る。これにより、毛利家の将来は隆景の双肩にかかることとなった。

九州征伐が終わったのち、秀吉は隆景に九州北部の３カ国にまたがる約37万石の領地を与えようとした。隆景は１度は辞退したものの断り切れず、最終的に筑前国（現在の福岡県西部）と筑後国（現在の福岡県南部）の２カ国を有する大名となった。ただし、毛利家のことを第一に考える姿勢は変わらない。1594（文禄３）年、秀吉は甥の秀俊（のちの小早川秀秋）を、子のいない輝元の養子にしようと画策していた。毛利本家が乗っ取られることを心配した隆景は、率先して秀俊を小早川家の養子に迎え入れ、毛利家を守った。

秀吉の嫡男である秀頼を補佐するために設置された五大老にも選ばれた隆景は、その直後の1597（慶長２）年７月に65歳で死去した。**父の元就は「我、天下を競望せず（競い合わない）」という言葉を遺しているが、隆景はその言葉を守り、私欲や野心とは無縁の生涯をまっとうした。**

豆知識

1. 秀吉との和睦が成立した際、秀吉から毛利家に酒が届けられた。家来は「毒が入っているのではないか」と疑ったが、隆景は「和睦の盟約を祝う酒を飲まないのは非礼である」と言って飲んだという。
2. 隆景は側室を持たず、普段から女性を側に近づけなかった。妻と接するときは正装に着替え、客をもてなすような態度だったという。まじめな性格で、冗談を口にすることも少なかったと伝わる。

27 日目

四国の大半を手中にした
土佐の傑物

長宗我部元親

◆生没／1539（天文8）年～1599（慶長4）年
◆タイプ／用意周到

ポイント

1. 合戦での活躍で自身への評価を一変させる。
2. 本能寺の変により滅亡の危機を免れる。
3. 長男の死をきっかけに人が変わる。

スキル

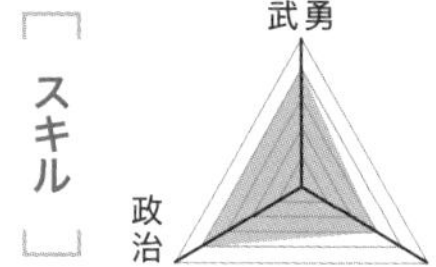

当時としては遅い初陣

織田信長は、土佐国（現在の高知県）の大名・長宗我部元親を**「鳥なき島のコウモリ」**と評した。鳥のいない島では、ただ飛べるというだけでコウモリが幅を利かせている。土佐という、強敵のいない国を平定したに過ぎない元親を、信長は見下したのである。ただし、元親の生涯をたどってみると、その認識は必ずしも正しくないことがわかる。

元親は1539（天文８）年に長宗我部国親の長男として生まれた。国親は土佐国に領地を持つ国人領主で、岡豊城（高知県南国市）を拠点としていた。当時の土佐国は小領主が割拠しており、なかでも長宗我部家を含む有力７家は「土佐七雄」と呼ばれている。

幼少期の元親は色白で性格も大人しく、「姫若子」（お姫様のような若者）とあだ名をつけられていた。これは馬鹿にするニュアンスを多分に含んでいる。この性格が影響したのか、初陣は22歳と遅かった。

しかし、その初陣で元親の評価は一変する。相手は同じ土佐七雄の一角・本山家で、兵数はおよそ2500。対する長宗我部軍は1000ほどであった。**元親はみずから槍を振るって２人の騎馬武者を討ち取り、その勢いのまま敵の城を奪い取った（長浜の戦い）。以降、元親は「鬼若子」と呼ばれるようになる。**

じつは元親は、この初陣まで槍の使い方をろくに知らず、急きょ、家来に教わったという。家来は「とにかく相手の目を突きなさい」とだけ教え、元親はその言葉を忠実に実行した。当時の元親は家来にも教えを請うことができる、素直な青年だった。

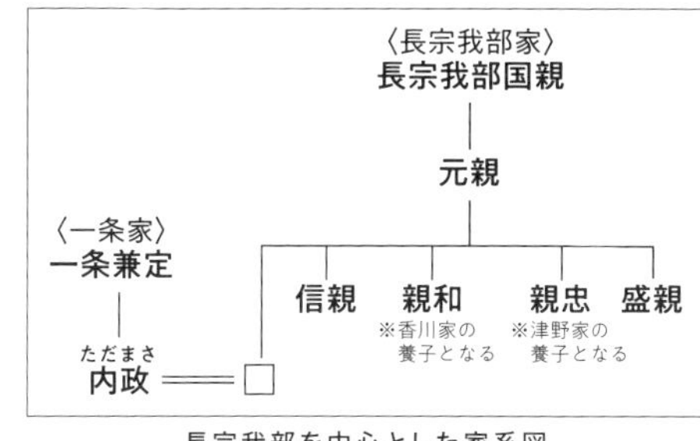

長宗我部を中心とした家系図

恩人の家を乗っ取る

この合戦の直後に国親は病死し、元親が新たな当主となる。その後は数年をかけて本山家の領地を奪い、東部を治める安芸家も滅ぼして土佐国の半分を手中にした。

土佐には七雄以外にも有力豪族がいた。西部を支配する一条家だ。公家の名門である京都の一条家の分家にあたり、土佐七雄も一目置いていた。長宗我部家にとっては恩人でもある。かつて岡豊城を敵に奪われた際、幼い国親を保護し、城を取りもどす手助けをしたのが一条家だった。

だが、元親はこの一条家の乗っ取りをはかる。内紛に乗じて当主の一条兼定を追放し、新たな当主に自分の娘を嫁がせた。1575（天正３）年には旧領への復帰を目指して挙兵した兼定と四万十川のほとりで激突し（四万十川の戦い）、勝利を収めた元親は土佐国を平定した。

長宗我部家の躍進の背景には「一領具足」と呼ばれる兵士の存在がある。当時の一般的な兵士は、普段は農作業に従事し、合戦が起こると自宅に１度もどって支度を整えた。一方、一領具足の場合は、農作業の際にも槍と鎧を手元に置いており、戦が起こるとすぐに主君のもとへ駆けつけることができたという。なお、一領具足とは「ひとそろいの鎧」という意味である。

本能寺の変に関わっていた？

土佐国の国主となった元親は、四国の残り３カ国を攻めるにあたり、その許可を得るために畿内の支配者だった織田信長に使者を送った。冒頭の「鳥なき島のコウモリ」は、この使者とのやり取りのなかで信長が口にした言葉だ。

両家の同盟は無事に成立し、元親は制圧した土地を自分の領地に加えることが認められた。また、元親の嫡男はこのときに元服し、信長から一字を拝領して

長宗我部家の領地

「信親」と名乗った。幼少期から聡明だった信親は英才教育を施され、学問や武芸はいうにおよばず、太鼓や笛、蹴鞠なども上方（京都や大坂）から講師を招いて学んでいた。元親にとっては自慢の息子であった。

両家の良好な関係はその後も続くかと思われたが、1580（天正８）年に信長は突如、心変わりを起こす。当時の元親は阿波国（現在の徳島県）と讃岐国（現在の香川県）をほぼ制圧していたが、信長は長宗我部家の領地を土佐一国と阿波国の南半分のみとし、讃岐一国と阿波国の北半分はほかの大名に与えたのである。

これを機に織田家と長宗我部家は敵対関係となり、信長は四国討伐軍の派兵を決める。しかし、渡航当日の未明に明智光秀による謀反（本能寺の変）が起こり、四国攻めは取り止めとなった。

じつは、織田家と長宗我部家の交渉窓口となっていたのが光秀であり、長宗我部家が滅ぼされることで、光秀の織田家中での立場が悪くなる（端的にいえば、出世の道が閉ざされる）可能性があった。また、元親の妻は明智家重臣・斎藤利三の義理の妹であり、利三を本能寺の変の黒幕とする説もある。

滅亡の危機を逃れた元親は改めて土佐国以外の３カ国に兵を出し、勢力を拡大していく。ところが1585（天正13）年、羽柴秀吉がおよそ10万の兵で攻め寄せてきた。**四国統一をあきらめた元親は秀吉に臣従し、土佐国のみ領有が認められた。**

自分に異を唱える家来を粛清

そのころ九州では、九州南部を支配する島津家が、九州北部の大友家の領地に侵攻していた。大友家から救援要請を受けた秀吉は、自身が出陣するまでのつなぎとして仙石秀久を指揮官とする先発隊を派遣する。元親と息子の信親も秀久の配下に組み込まれた。

豊後国（現在の大分県）に上陸した先発隊は、戸次川（現在の大野川の下流域＜大分市＞）を挟むように島津軍と対峙する。秀吉は持久戦に徹するように厳命していたが、功をあせる秀久は元親・信親親子の反対を無視して無謀な攻撃を仕掛け、大敗してしまう（戸次川の戦い）。

信親の奮戦もあって元親は命からがら戦場から離脱したが、信親は討ち死にした。**最愛の息子を失った元親の悲しみは深く、その後は人が変わったかのような言動が増えていく。**

元親は四男の盛親を新たな後継者に指名したが、二男の香川親和と三男の津野親忠は健在であり、元親の決断に異を唱える家来も少なくなかった。元親は口を挟む家来を処罰し、家中を動揺させた。

粛清の対象は家来だけではない。親忠は元親によって幽閉され、親和は謎の死を遂げた。みずから命を絶ったとも、元親に毒殺されたとも伝わる。

その一方で元親には家来を思いやる逸話も伝わっている。全国統一を果たした秀吉が宴席で諸大名に饅頭を振る舞うと、元親は少しだけ口にして、残りは紙に包んだ。秀吉にもらった貴重な饅頭を自分だけ味わうのはもったいなく、持ち帰って家来に分け与えるつもりだったという。

その後は秀吉による朝鮮出兵（文禄・慶長の役）にも参加した元親だったが、以前のような覇気を取りもどすことなく、1599（慶長４）年に病没した。

当主の座を引き継いだ盛親は、徳川家康と石田三成が激突した関ヶ原の戦い（岐阜県関ケ原町）では石田方の西軍に属した。敗戦後は浪人となり、京都の寺子屋で子ども相手に学問などを教えていたという。もとは四国最大の大名だったことを考えると、余りにも大きな身分の落差である。

盛親は1614（慶長19）年に始まる大坂の役（冬の陣・夏の陣）では豊臣家に味方し、真田信繁らとともに軍の指揮官を務めた。敗北後は息子ともども徳川軍に処刑され、長宗我部家は滅亡した。

豆知識

1. 元親は日ごろから、自分の持ち物には名前を書くように家来に命じていたという。落とし物を拾われたときに自分のだらしなさに気づき、気を引き締めることにつながるというのがその理由だ。
2. 元親は情勢を見極める眼力を備え、権力者に取り入るのが上手かった。秀吉に降伏した元親は、臣従の証しとして浦戸（高知市）で獲れた体長約13mの鯨を１頭丸ごと献上し、秀吉を喜ばせたという。

28 日目

キリスト教に傾倒した“九州の主”

大友宗麟(おおともそうりん)

◆生没／1530(享禄3)年～1587(天正15)年
◆タイプ／思い込みが激しい

ポイント

1. 若いころは父が心配するほど粗暴な性格。

2. 南蛮貿易によって領国を強大にする。
3. キリスト教王国の建国を夢見る。

スキル

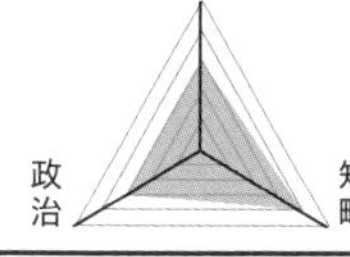

御家騒動を経て当主になる

豊後(ぶんご)国（現在の大分県）を本拠とする大名の大友家は藤原氏、あるいは源頼朝の子孫であるという。初代当主は鎌倉時代の中原(なかはらの)（大友）能直(よしなお)という人物で、相模(さがみ)国（現在の神奈川県）の大友郷に領地を得たことから大友の名字を名乗った。大友家は九州にも領地を持っており、13世紀の蒙古(もうこ)襲来が起こった際に九州へ移り、そのまま定住した。

宗麟は豊後国を含む３カ国の守護大名である大友義鑑(よしあき)の長男として、1530（享禄(きょうろく)３）年に生まれた。宗麟は出家後の名前で、本名は義鎮(よししげ)という。

子どものころはかなりの暴れん坊で、鷹(たか)狩(が)りや川遊びなどを好んだ。**粗暴でわがままな性格だったらしく、家来の言葉に耳を傾けることもなかったという。**

宗麟の将来を不安視した義鑑は溺愛(できあい)していた三男の塩市丸(しおいちまる)を後継者にしようとしたが、家中には反対する者も多く、1550（天文(てんぶん)19）年に御家(おいえ)騒動が勃発(ぼっぱつ)する。義鑑、塩市丸、その生母はいずれも殺害され、宗麟が新たな当主となった。義鑑らが居館である大友館（大分市）の２階で討たれたことから、この騒動は「二階(にかい)崩(くず)れの変」と呼ばれている。

弟を見殺しにして領地を広げる

代替わりした翌年、周防(すおう)国（現在の山口県南東部）と長門(ながと)国（現在の山口県西部）の大名である大内(おおうち)家で、重臣の陶晴賢(すえはるかた)による謀反(むほん)が起こる。晴賢は政治を疎(おろそ)

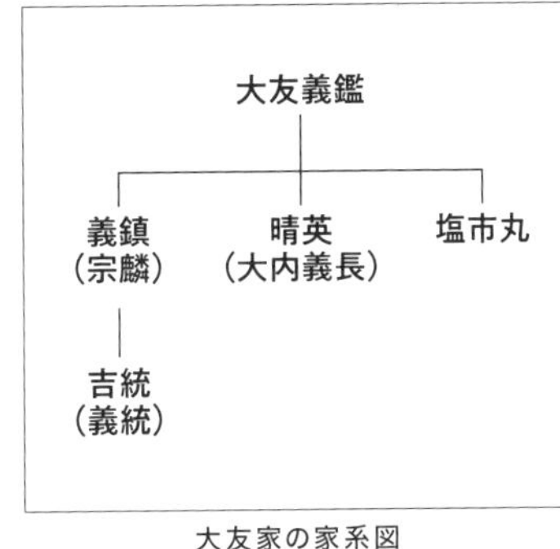

大友家の家系図

かにしていた当主の大内義隆を自害に追い込んだが、自身が義隆に取って代わる気はなく、宗麟の異母弟で、義隆の姉の子だった大友晴英（大内義長）を新たな当主として望んだ。

大友家と大内家は長きにわたって敵対関係にあったが、宗麟はこの要請に応じた。しかし、1555（天文24）年の厳島の戦い（広島県廿日市市）で晴賢は毛利元就に敗れ、その2年後には義長も毛利軍に攻められて自害する。このとき、義長は兄の宗麟に援軍を求めていたが、宗麟は黙殺した。**じつは宗麟と元就の間では、大内家の滅亡後にその領地を分け合うという密約が交わされていたという。**

こうして宗麟は大内領だった筑前国（現在の福岡県西部）と豊前国（現在の福岡県東部、大分県北西部）も手に入れる。また、時期は前後するが、大友家は肥前国（現在の佐賀県と長崎県）を拠点とする新興勢力の龍造寺家に対しても優位に立っており、1554（天文23）年には肥前国の守護にも任じられている。最終的に宗麟は、九州９カ国のうち６カ国の守護となった。

ヨーロッパ人にもその名が知られていた

合戦の指揮は家中きっての猛将である立花道雪や高橋紹運をはじめとする有能な家来たちに任せ、宗麟自身が采配を振ることはあまりなかった。その代わり、経済や外交に対する意識は高かった。

1551（天文20）年にはイエズス会宣教師のフランシスコ・ザビエルを府内（大分市）に招き、自領での布教を許可した。これはヨーロッパとの貿易（南蛮貿易）の扉が開かれたことを意味する。

自身が入信するのは27年後の1578（天正６）年である。つまり、若いころの宗麟は信仰よりヨーロッパとの貿易で得られる利益に興味を持ち、キリスト教を上手く利用しようとしていたことがうかがえる。

宗麟はみずからポルトガル国王への親書をしたため、積極的な外交を行った。**宗麟の名はヨーロッパ人にも知られており、当時の日本地図の九州の位置には**

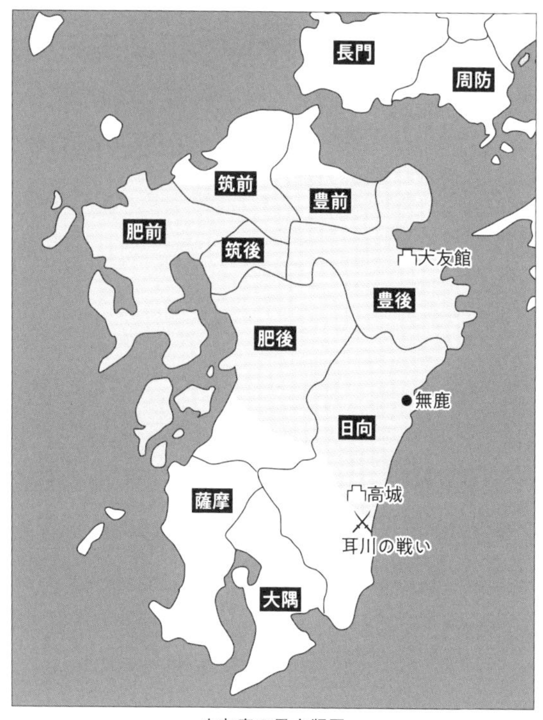

大友家の最大版図

「BVNGO」（豊後）と書かれていたという。当時のカンボジアとも交流があり、宗麟はカンボジア国王から「日本九州大邦主（日本の九州の主）」と呼ばれていた。日本に長期滞在していた宣教師のルイス・フロイスからの評価も高く、「日本の戦国大名のなかで最も思慮（しりょ）深く、人徳があり、才能にあふれている」と、その著書には記されている。

南蛮貿易で蓄えた富は幕府への献金などに用いられた。大友家が6カ国の守護になれたのも、この献金を欠かさなかったからである。織田信長に接近するのも早く、信長が上洛する前の1567（永禄（えいろく）10）年に贈り物をしている。

府内では西洋の技術や文化の移入が進んだ。1555年にはポルトガル人の医師が来日し、2年後には宗麟の許可を得て、日本初の西洋式病院が開設された。この病院はキリスト教徒のボランティア組織が運営しており、府内は日本におけるボランティア発祥の地でもあるという。

幻に終わった「キリスト教王国」

宗麟は開明的な君主である一方で、極度の女好きという一面もあった。家来の妻であっても、自分好みの女性であれば奪い取った。重臣の1人は妻を奪われたことを恥（は）じて自害し、その弟は宗麟に謀反を起こしている。宗麟は名君と暴君、双方の側面を持っていたといえる。

キリスト教に関しても、年齢を重ねるなかで傾倒していき、行き過ぎた言動が目立つようになる。宗麟は1578（天正6）年に入信し、ドン・フランシスコの洗礼名を得る。その直後に日向国（現在の宮崎県）に侵攻し、九州南部の有力大名である島津家との合戦に臨んだ。

当面の攻撃目標は高城（宮崎県木城町）だったが、宗麟はそこから離れた無鹿（宮崎県延岡市）に本陣を構えた。**この地を中心とするキリスト教王国の建設を本気で考えていたらしく、合戦が始まっても前線に指示を与えることはなく、ただ神に祈り続けていたという。**

この耳川の戦いで大友軍は大敗した。勢いづいた島津軍はさらに北上し、大友家の本拠地である豊後国に迫った。対抗する力はすでに大友家にはなく、宗麟みずから豊臣秀吉のもとに出向き、助けを求めた。

1586（天正14）年から始まる秀吉の九州征伐で島津家は降伏し、薩摩国（現在の鹿児島県西部）と大隅国（現在の鹿児島県東部）以外の領地はほぼ没収される。秀吉は日向国を宗麟に与えようとしたが、その直前に宗麟が病没したため、日向国が大友家の領国になることはなかった。家督を受け継いだ嫡男の義統（吉統）は、朝鮮出兵（文禄・慶長の役）で敵前逃亡という失態を犯し、大名としての大友家は取りつぶしとなった。

なお、日本史の教科書にも出てくる天正遣欧使節の1人、伊東マンショは宗麟の名代として使節に加わった。ただし、宗麟がどれくらいの熱意を持ってこの使節団に関わっていたかは不明だ。

使節団は1582（天正10）年に長崎を発ち、8年をかけてポルトガルやスペイン、イタリアを歴訪した。ところが、帰国したときには宣教師を日本から締め出すバテレン追放令が秀吉によって出されており、使節の少年たちはいずれも不遇のなかで没した。**バテレン追放令の発布は宗麟の死のわずか1カ月後である。**その後のキリスト教徒への弾圧を見ることなくこの世を去ったことは、宗麟にとってある意味で救いだったのかもしれない。

豆知識

1. 宮崎県延岡市にある無鹿町の地名は、ラテン語で「音楽」を意味する「MUSICA」に由来する。宣教師たちが奏でる西洋音楽に魅了された宗麟によって名づけられたと伝わる。
2. 宗麟の墓はキリスト教式のものだったが、バテレン追放令を受け、息子により仏教式に建て替えられた。現在は仏教式とキリスト教式の二つの墓碑が並んでいる。

29日目

浪人から大名に返り咲いた
“西国無双”

立花宗茂

◆生没／1567（永禄10）年～1643（寛永19）年
◆タイプ／義理堅い

ポイント

1. 猛将である２人の父のもとで育つ。
2. 九州随一の忠誠心と武勇を備える。
3. 老いてなお合戦での協力を求められる。

スキル

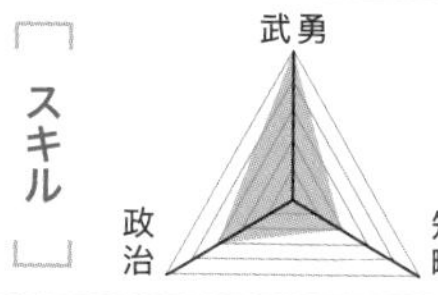

幼少期から剛胆さを発揮

16世紀の日本で最大の合戦となった1600（慶長５）年の関ヶ原の戦い（岐阜県関ケ原町）では、戦後に多くの大名家が取りつぶされた。**敗れた西軍の武将のなかで、かつての領地に大名として復帰できたのは１人しかいない。**それが立花宗茂だ。宗茂は十数度にわたって改名しているが、ここでは最も広く知られている宗茂で統一する。

宗茂は1567（永禄10）年、豊後国（現在の大分県）の大名・大友宗麟の重臣である高橋紹運の嫡男として生まれた。ただし、当時の紹運の名字は吉弘であり、宗茂が３歳のときに途絶えていた高橋家を継いだ。宗茂の元服後の名は高橋統虎という。

紹運は戦国時代の九州を代表する勇将の１人だが、大友家にはもう１人、立花道雪という名将がいた。道雪は若いころに雷に打たれて下半身が不自由になり、合戦では輿に乗って指揮を執っていた。向かうところ敵なしの猛将であり、“雷神”とも称された。一方で“風神”と呼ばれているのが紹運だ。２人は30歳ほどの年の差があったが（道雪が年長）、大友家の双璧として主君の宗麟を支えていた。

こうした強者ぞろいの家中にあって、宗茂も幼少のころから肝の据わった性格だったと伝わる。10歳に満たないころ、祭りを見物していると喧嘩騒ぎが起きた。家来は宗茂を連れてその場を離れようとしたが、宗茂は「喧嘩の相手は我々ではないのだから、何も危ないことはない」と、平然とした顔で言ってのけたという。

道雪の娘をめとって家督を継ぐ

大友家は1578（天正６）年の耳川の戦い（宮崎県木城町）で薩摩国（現在の鹿児島県西部）の大名・島津家に大敗し、従っていた豪族の離反が相次いでいた。そうした最中の1581（天正９）年、宗茂は15歳で初陣を迎えた。

父の紹運や道雪とともに出陣した宗茂は、紹運とはやや離れたところに陣を敷く。「父の近くにいては兵が自分の指図に従わない」というのがその理由だ。初陣ながら積極的な姿勢を見せる宗茂に家来は感心しきりだったが、逸る気持ちは抑えなければならず、宗茂は父の采配に従った。

男子に恵まれなかった道雪は、そんな宗茂の剛胆さを気に入り、婿養子にしたいと紹運に申し出た。大切な嫡男ということもあり、紹運はこの申し出を断り続けていたが、最終的には道雪の熱意に折れた。宗茂は15歳で道雪の一人娘である誾千代と結婚した。ただし、道雪は立花家の家督を継いではいたが、本来の名字は「戸次」であり、婿入り後の宗茂の名前は「戸次統虎」である。名字を立花に改めるのは翌1582（天正10）年のことだ。

養子縁組以前の宗茂と道雪には次の逸話がある。２人がともに出かけた際、宗茂の足の裏に栗のイガが刺さった。これを抜いてほしいと宗茂が家来に頼んだところ、家来は抜くどころか強く押し込んだ。その一部始終を道雪は見ており、痛くても声を上げることができなかったと、後年の宗茂は振り返っている。２人の父に厳しく鍛えられたからこそ、宗茂は勇将へと育ったのだ。

妻の誾千代は道雪の娘だけあって勝ち気な性格だったらしく、宗茂との仲は必ずしも良くなかったという。２人の間に子どもはできず、1585（天正13）年に道雪が病死すると別居状態となった。

柳川の地で大名として独立

島津軍は1584（天正12）年に“九州三強”の一角で、肥前国（現在の佐賀県と長崎県）の大名である龍造寺隆信を倒し、大友家の本拠地である豊後国に迫っていた。宗麟は1586（天正14）年にみずから豊臣秀吉のもとに出向いて助けを求め、豊臣軍の派遣が決まる。

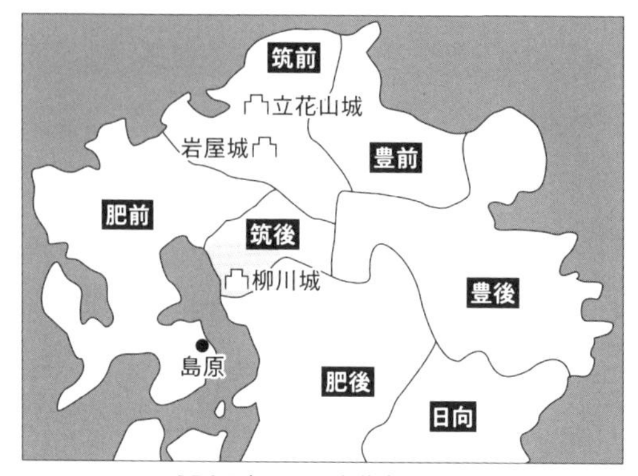

1590年ごろの立花家の領地

豊臣軍が到着するまでに豊後国を制圧したい島津家は、3万とも5万ともいわれる兵を率い、大友家が支配する筑前(ちくぜん)国(現在の福岡県西部)に侵攻する。

多くの家来は大友家を見限っていたが紹運は主を見捨てず、籠城(ろうじょう)することを決める。ただ、親子そろっての討ち死には避けなければならず、宗茂を堅固な立花山城（福岡県福岡市）に配置し、自身は小城の岩屋(いわや)城（福岡県太宰府(だざいふ)市）にこもった。その兵数はわずか800人足らず。高橋軍は善戦したものの全滅し、紹運も壮絶な討ち死にを遂げた（岩屋城の戦い）。

島津軍は宗茂がこもる立花山城にも攻め寄せる。宗茂の手勢も1000人ほどだったが、岩屋城の戦いで島津軍が消耗(しょうもう)していたこともあり、城を守り抜いた。父の奮戦がもたらした勝利といえる。

その後も島津家に奪われた城を取りもどしていった宗茂を、秀吉は**「その忠義は九州随一、剛勇も九州随一」と称え、九州平定後には筑後(ちくご)国（現在の福岡県南部）の柳川(やながわ)に約13万石の領地を与えた。**宗茂は大友家から独立し、大名となったのである。

その後は肥後(ひご)国（現在の熊本県）で発生した一揆の鎮圧で武功を挙げ、秀吉から羽柴の名字と豊臣の姓をたまわっている。また、当時は徳川家康の重臣である本多忠勝(ほんだただかつ)の武勇も全国にとどろいており、秀吉は諸大名の前で**「東の本多忠勝、西の立花宗茂、東西無双」**と両名を賞賛した。

広く知れわたる宗茂の高潔な人柄

朝鮮出兵でも目覚ましい活躍を見せた宗茂は全国でも指折りの武将であり、秀吉の死後に勃発(ぼっぱつ)した関ヶ原の戦いでは、家康が味方に引き入れようとしていた。しかし、宗茂は秀吉に恩義を感じており、秀吉の側近だった石田三成を中心とする西軍に加わる。

宗茂は東軍の勢力下にあった大津城（滋賀県大津市）での戦いに勝利したが、西軍の本隊は関ヶ原の戦いで敗れてしまう。それでも宗茂は抗戦を主張し、西軍総大将の毛利輝元（もうりてるもと）につめ寄ったが賛同を得られず、領国に引きあげることとなった。

その道中、同じく西軍に加わっていた島津義弘（よしひろ）と鉢合（はちあ）わせた。義弘は父の紹運を死に至らしめた張本人である。しかも、義弘は関ヶ原の戦いで壮絶な退却戦を敢行し、80人ほどの兵しか連れていなかった。**父の仇討（あだう）ちを進言する家来もいたが、宗茂は「敗軍を討つのは卑怯者（ひきょうもの）のすること」と言い、逆に義弘の護衛を買って出たという。**

自領にもどった宗茂は柳川城（福岡県柳川市）にこもって東軍勢力と一戦交えたのち、東軍の黒田如水（くろだじょすい）や加藤清正（かとうきよまさ）の説得を受けて降伏した。

戦後処理の結果、柳川の領地はすべて没収され、宗茂は浪人となる。**高潔な人柄は広く知れわたっており、家来として召（め）し抱（かか）えようとする大名もいたが、宗茂は誘いを断って浪人生活を続けた。**

転機が訪れたのは1604（慶長９）年のこと。本多忠勝の働きかけで江戸幕府に仕官することになったのである。与えられた領地の石高は5000石だったが、その２年後には陸奥国（むつのくに）（現在の福島県、宮城県、岩手県、青森県、秋田県の一部）の棚倉（たなぐら）（福島県棚倉町）に約１万石の領地を与えられ、大名に復帰した。

1614（慶長19）年から始まる大坂の役（冬の陣・夏の陣）では徳川家に味方し、第２代将軍・徳川秀忠の軍師を務めた。**そして1620（元和（げんな）６）年、柳川の領地が再び与えられた。**幕府からの信頼は厚く、1637（寛永（かんえい）14）年から翌年にかけての島原の乱（長崎県・熊本県）では第３代将軍・徳川家光に請（こ）われ、70歳を超える身で現地におもむき、幕府軍に助言したという。

側室との間にも子どもはできなかったため、甥（おい）の忠茂（ただしげ）を養子とし、島原の乱の終息後に家督（かとく）をゆずった。その５年後、江戸（現在の東京都）の柳川藩邸で76年の生涯に幕を閉じた。

豆知識

1. 宗茂は剣術流派のタイ捨（しゃ）流を学んでいた。剣術だけでなく体術なども含む流派で、宗茂は初陣（ういじん）で豪傑（ごうけつ）を組み伏せ、動きを封じて家来に討ち取らせたという。のちにタイ捨流の免許皆伝も受けている。
2. 領国をうまく治める秘訣（ひけつ）について聞かれた宗茂は、「私は隠しごとをしない。だから家来は私を信じてくれるし、自分を裏切ることもない。秘密を持たなければ家中に監視役は必要ない」と答えたという。

武勇で御家の勢力を拡大させた猛将
島津義弘

◆生没／1535（天文4）年〜1619（元和5）年
◆タイプ／決断力に富む、思い切りがよい

ポイント

1. 得意の戦法で10倍もの敵軍を打ち破る。
2. 朝鮮出兵で大きな戦功をあげる。
3. 敵陣を中央突破して戦場から退却する。

スキル

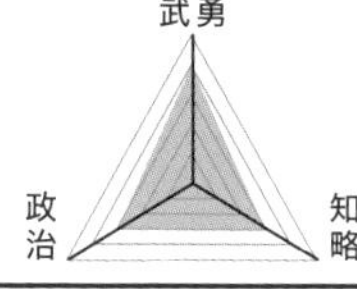

兄弟の誰よりも武勇に優れる

兄弟で活躍した戦国武将は数多くいるが、４人の兄弟がいずれも優秀だった例は島津家と三好家（80ページ参照）以外に見当たらない。島津四兄弟はそれぞれ異なる才覚を秘めており、祖父の島津忠良によれば、長男の義久は総大将としての徳を備え、三男の歳久は利害を察する知略に富み、四男の家久は軍法・戦術に長けていた。そして兄弟の誰よりも武勇に優れていたのが二男の義弘である。

島津家は鎌倉時代から続く武家の名門で、四兄弟の父である貴久は薩摩国（現在の鹿児島県西部）・大隅国（現在の鹿児島県東部）・日向国（現在の宮崎県）の３カ国の守護を務めていた。ただし、完全に支配していたわけではなく、いずれの国にも豪族が割拠していた。

義弘は1535（天文４）年に生まれた。1554（天文23）年に大隅国の武将を相手に初陣を飾り、続く1557（弘治３）年の合戦では体に５本の矢を受けながらも敵を討ち取ったという。

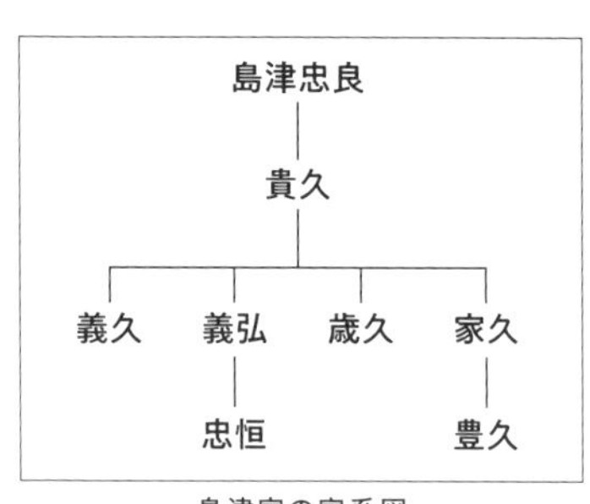

島津家の家系図

父の隠居にともない家督を相続した長男の義久は、1570（元亀元）年に薩摩国を平定する。日向国にも勢力を張っており、1572（元亀３）年には同国の大名である伊東家の軍勢が島津家の城に攻め寄せる。義弘はわずかな手勢で迎え撃つこととなった。

このとき義弘は、島津家のお家芸とも呼べる「釣り野伏」の策を用いている。軍勢をいくつかの部隊に分け、自身の部隊はおとりとなって敵軍を誘い出し、周囲に潜ませていた残りの部隊で挟み撃ちにする作戦だ。これは少数の兵で大軍を打ち破るのに適しており、この木崎原の戦い（宮崎県えびの市）では、約300の兵で約3000の伊東軍を破った。

朝鮮軍の名将を討ち取る

島津家は1577（天正５）年に薩摩・大隅・日向の３国を平定した。当時の九州は豊後国（現在の大分県）の大名である大友宗麟と肥前国（現在の佐賀県・長崎県）の大名である龍造寺隆信がしのぎを削っており、島津家はやや遅れて九州全土の統一を目指す戦いに加わった。

四兄弟のそろい踏みとなった1578（天正６）年の耳川の戦い（宮崎県木城町）では大友軍に大勝し、1584（天正12）年の沖田畷の戦い（長崎県島原市）では末弟の家久が隆信を敗死させた。**残る敵は豊後国に逃げ帰った宗麟のみとなったが、その宗麟からの救援要請を受けた豊臣秀吉による九州征伐が始まる。**

1587（天正15）年、秀吉の弟・豊臣秀長を総大将とする総勢約10万の先発軍は九州東部を南下し、日向国に砦を築いた。義弘はこの砦に夜襲を仕掛け、みずから刀を振るって将兵を鼓舞したが、守備兵の必死の抵抗で戦局は膠着する。やがて豊臣軍の援軍が到着すると、当主の義久は頭を丸めて降伏した。戦後処理の結果、薩摩国と大隅国以外の領地はほぼ没収された。

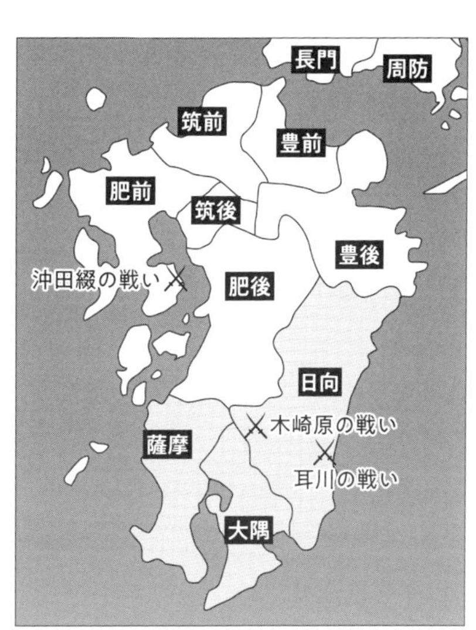

1580年ごろの島津家の勢力範囲

敗戦を受け、義久は義弘に家督をゆずったとも伝わるが、はっきりしたことはわかっていない。対外的には義弘が、領国内では引き続き義久が当主だった可能性がある。

1592（天正20）年に始まる朝鮮出兵

（文禄の役）にも義弘は約１万の兵を率いて参加したが、出陣が大幅に遅れたこともあり、目立った武功はなかった。**一方、1597（慶長２）年からの２度目の朝鮮出兵（慶長の役）では目覚ましい活躍を見せる。**

翌1598（慶長３）年の泗川の戦いでは、義弘は約7000の兵とともに泗川倭城（朝鮮出兵の際に築かれた日本軍の城）にこもった。一方、中国王朝の明と朝鮮王朝の連合軍の兵数は数万規模で、一説に20万ともいわれている。泗川倭城に攻めかかる敵軍に対し、義弘はできる限り引きつけて鉄砲の一斉射撃を浴びせ、周囲に潜ませていた部隊を突撃させた。釣り野伏の応用とも呼べる戦術だ。

島津側の記録によれば、明・朝鮮連合軍は３万人以上が討ち取られたという。真偽のほどはともかく、明・朝鮮連合軍は、島津軍を「鬼石曼子（グイシーマンズ）」と呼んで恐れた。「鬼島津」という意味である。

この戦いののち、秀吉が病死したとの報せが届き、日本軍は撤退することとなった。その退却戦である露梁海戦では、島津軍は朝鮮軍の名将である李舜臣を討ち取っている。

また、この朝鮮出兵では義弘の家来思いの一面も伝わっている。冬場の戦いでは日本軍から凍死者が続出したが、**島津軍は身分の上下に関係なく囲炉裏で暖を取り、凍死者は１人も出なかったという。**

逃げ切るか、全滅するかの二者択一

秀吉の死後の豊臣政権では、五大老筆頭の徳川家康と、秀吉の側近だった石田三成の対立が激化する。**当時の島津家は忠恒（義弘の三男で義久の養子）に代替わりしていたが、義久、義弘、忠恒は豊臣政権に対する思惑がそれぞれ異なり、家中は必ずしも一枚岩ではなかった。**３人のなかで最も豊臣政権に近かったのが義弘だ。

ちなみに、四兄弟のなかでは家久が最も豊臣政権に近く、義弘、義久、歳久と続く。その家久は1587（天正15）年に41歳で病死し、歳久は秀吉に刃向かったことで義久に攻められ、1592（天正20）年に自害した。

1600（慶長５）年、家康は五大老の１人である上杉景勝に謀反の疑いがあるとして兵を挙げた。後世の文献によれば、家康から伏見城（京都市）の守備を命じられた義弘は甥の豊久とともに兵を率いて伏見城に向かったが、徳川家の武将から「そんな話は聞いていない」と追い返され、関ヶ原の戦い（岐阜県関ケ原町）では三成陣営の西軍に加わることになったという。義久は薩摩国から大軍を連れ出すことを許さず、義弘の軍勢は1000人ほどであった。兵数が少なかったこともあり、西軍の軍議では軽くあつかわれていたという。

こうした経緯から島津軍の戦意は乏しく、関ヶ原の戦いが始まっても積極的に動こうとはしなかった。しびれを切らした三成の使者が馬上から出陣を催促すると、義弘はその無礼な態度に激怒したと伝わる。

戦局は小早川秀秋の寝返りによって家康率いる東軍の圧倒的優位に傾き、島津軍は敵中に取り残されてしまう。**ここで義弘は前代未聞の行動に出る。なんと敵軍を中央突破して退却しようとしたのである。**

このときの義弘は「捨て奸」という策を用いた。本隊から切り離された小隊が立ち止まって敵を食い止め、その小隊が全滅したら別の小隊が同じことを行う。敵の追撃が止むか、自軍が全滅するまでこれをくり返すのである。豊久も義弘の身代わりとなって討ち死にした。**1000人の兵のうち、生きて薩摩国に帰ることができたのは80人ほどと伝わる。この凄絶な退却戦は「島津の退き口」と呼ばれている。**

戦後、家康は島津家の征伐を計画していたが、その場合は徳川も大きな被害を受けることは確実であり、徳川と島津の双方が交渉による事態の収拾を目指した。関ヶ原の戦いから２年が経った1602（慶長７）年、家康の元に出向いた忠恒の弁明により、島津家の領地は減らされることなく維持された。「義弘の行動はあくまで個人的なものであり、島津家とは一切関係ない」との結論がくだされたのである。

義弘個人に対しても罰が与えられることはなかった。隠居した義弘は若い武士の育成に残りの生涯を費やし、1619（元和５）年に85歳でこの世を去った。

豆知識

1. 朝鮮出兵の際、義弘は７匹の猫を戦地に連れていき、瞳孔の開き具合で時刻を計ったという。島津家の別邸だった鹿児島市の仙巌園には猫神という祠があり、日本に生還した２匹の猫が祀られている。
2. 晩年の義弘は、世の中が平和になったこともあり、精気のない表情をしていた。しかし、家来が戦の合図である法螺貝を吹くと、現役時代の生き生きとした表情を取りもどしたという。

戦国武将に関する主要年表

本書に登場する戦国武将を中心にした、さまざまなできごとを年表（室町時代後期から江戸時代初期）にして紹介しています。

年代	できごと
1493(明応2)年	北条早雲が堀越御所を襲撃する（伊豆討ち入り）
1495(明応4)年	北条早雲が小田原城を奪い取る
1506(永正3)年	朝倉宗滴が一向衆を破る（九頭竜川の戦い）
1543(天文12)年	大内義隆が尼子晴久に敗れる（第一次月山富田城の戦い）
1542(天文11)年	斎藤道三が主君である守護を追放し、美濃国の実質的な主となる
1546(天文15)年	北条氏康が上杉連合軍を破る（河越城の戦い）
1550(天文19)年	三好長慶による政権（三好政権）が樹立される
1553(天文22)年	武田信玄と上杉謙信の争いが始まる（第一次川中島の戦い）
1554(天文23)年	武田家・北条家・今川家が手を組む（甲相駿三国同盟）
1555(天文24)年	毛利元就が陶晴賢を打ち破る（厳島の戦い）
1560(永禄3)年	織田信長が今川義元を打ち破る（桶狭間の戦い）
1561(永禄4)年	長尾景虎（のちの上杉謙信）が関東管領を継承する 武田信玄と上杉謙信が激突する（第四次川中島の戦い）
1566(永禄9)年	毛利元就が尼子家を打ち破る（第二次月山富田城の戦い）
1568(永禄11)年	織田信長が足利義昭を奉じて上洛
1570(元亀元)年	浅井長政の裏切りにより織田軍が撤退する（金ヶ崎の退き口） 浅井・朝倉連合との戦いで本多忠勝が武勇を示す（姉川の戦い）
1571(元亀2)年	織田信長が延暦寺の焼き討ちを命じる
1572(元亀3)年	島津義弘が伊東軍を打ち破る（木崎原の戦い）
1573(元亀3)年	武田信玄が徳川軍を打ち破る（三方ヶ原の戦い）
1573(元亀4)年	織田信長が京都から足利義昭を追放（室町幕府が滅亡）

年代	できごと
1575(天正3)年	織田・徳川連合軍が武田家を打ち破る（長篠の戦い） 長宗我部元親が一条家を破り（四万十川の戦い）、土佐国を平定
1578(天正6)年	大友宗麟が島津軍に敗れる（耳川の戦い）
1582(天正10)年	本能寺の変で織田信長が死去 羽柴秀吉が明智光秀を打ち破る（山崎の戦い）
1583(天正11)年	羽柴秀吉が柴田勝家を打ち破る（賤ヶ岳の戦い）
1584(天正12)年	羽柴秀吉が徳川家康らと争う（小牧・長久手の戦い） 前田利家が佐々軍を破る（末森城の戦い）
1585(天正13)年	長宗我部元親が羽柴秀吉に降伏（四国平定） 羽柴秀吉が関白に就任
1586(天正14)年	立花宗茂が島津軍に奪われた城を奪還
1587(天正15)年	島津家が豊臣秀吉に降伏（九州平定）
1589(天正17)年	伊達政宗が蘆名軍を打ち破る（摺上原の戦い）
1590(天正18)年	豊臣秀吉により北条家が滅亡（小田原征伐） 奥州仕置が完了し、豊臣秀吉が全国を統一 徳川家康が関東に国替え
1594(文禄3)年	小早川隆景が木下秀俊（のちの小早川秀秋）を養子に迎える
1598(慶長3)年	豊臣秀吉が死去
1600(慶長5)年	直江兼続が書状（直江状）を徳川家康に送る 九州で黒田如水が大友軍を破る（石垣原の戦い） 徳川家康率いる東軍が石田三成率いる西軍を破る（関ヶ原の戦い）
1603(慶長8)年	徳川家康が江戸幕府を開く
1611(慶長16)年	加藤清正らの尽力により豊臣秀頼と徳川家康が会談
1614(慶長19)年	大坂冬の陣で真田信繁が武勇を示す
1615(慶長20)年	大坂夏の陣で豊臣家が滅亡
1616(元和2)年	徳川家康が死去

主な参考文献

『完訳フロイス日本史』ルイス・フロイス 著、松田毅一・川崎桃太 訳（中央公論新社）

『武将列伝 戦国爛熟篇』海音寺潮五郎（文春文庫）

『武将列伝 戦国終末篇』海音寺潮五郎（文春文庫）

『学校で教えない日本史人物ホントの評価』（実業之日本社）

『中世武士選書29 斎藤道三と義龍・龍興 戦国美濃の下克上』横山住雄（戎光祥出版）

『斎藤氏四代―人天を守護し、仏想を伝えず―』木下聡（ミネルヴァ書房）

『信長公記―現代語訳―上・下』太田牛一 著、中川太古 訳（新人物往来社）

『戦国大名の新研究１ 今川義元とその時代』黒田基樹（戎光祥出版）

『今川義元―自分の力量を以て国の法度を申付く―』小和田哲男（ミネルヴァ書房）

『越前朝倉一族』松原信之（新人物往来社）

『近江浅井氏の研究』小和田哲男（清文堂出版）

『明智光秀 残虐と謀略』橋場日月（祥伝社）

『柴田勝家―織田軍の「総司令官」―』和田裕弘（中央公論新社）

『日本合戦騒動叢書９ 川角太閤記』志村有弘（勉誠社）

『豊臣秀吉 天下人への道』歴史と文学の会（勉誠社）

『人物叢書 前田利家』 岩沢愿彦（吉川弘文館）

『加藤清正―朝鮮侵略の実像―』北島万次（吉川弘文館）

『黒田如水―臣下百姓の罰恐るべし』小和田哲男（ミネルヴァ書房）

『人物叢書 徳川家康』藤井譲治（吉川弘文館）

『徳川家康――境界の領主から天下人へ――（中世から近世へ）』柴裕之（平凡社）

『徳川十六将 伝説と実態』菊地浩之（角川新書）

『人物叢書 武田信玄』奥野高広（吉川弘文館）

『甲州・武田一族衰亡史』高野賢彦（新人物往来社）

『人物叢書 石田三成』今井林太郎 著、日本歴史学会 編集（吉川弘文館）

『人物叢書 上杉謙信』山田邦明（吉川弘文館）

『上杉謙信「義の武将」の激情と苦悩』今福匡（星海社）

『直江兼続』今福匡（新人物往来社）

『人物叢書 三好長慶』長江正一（吉川弘文館）
『歴史群像シリーズ 伊達政宗―奥州より天下を睨む独眼龍―』（学研）
『真田幸村と真田丸 大坂の陣の虚像と実像』渡邊大門（河出書房新社）
『歴史群像シリーズ 真田三代―戦乱を“生き抜いた”不世出の一族―』（学研）
『戦国時代の魁―北条早雲―』前田徳男（郁朋社）
『北条氏康―関東に王道楽土を築いた男―』伊東潤・板嶋恒明（PHP研究所）
『大内義隆 類葉武徳の家を称し、大名の器に載る』藤井崇（ミネルヴァ書房）
『人物叢書 大内義隆』福尾猛市郎（吉川弘文館）
『読みなおす日本史 出雲尼子一族』米原正義（吉川弘文館）
『知将・毛利元就 国人領主から戦国大名へ』池享（新日本出版社）
『列島の戦国史6 毛利領国の拡大と尼子・大友氏』池享（吉川弘文館）
『小早川隆景・秀秋 消え候わんとて、光増すと申す』光成準治（ミネルヴァ書房）
『歴史群像シリーズ 長宗我部元親―四国の雄、三代の栄光と苦悩―』（学研）
『立花宗茂 戦国「最強」の武将』 加来耕三（中公新書ラクレ）
『人物叢書 立花宗茂』中野等 著、日本歴史学会 編集（吉川弘文館）
『「不屈の両殿」島津義久・義弘 関ヶ原後も生き抜いた才智と武勇』新名一（角川新書）
『島津一族 無敵を誇った南九州の雄』川口素生（新紀元社）

監修
山田勝（やまだ・まさる）

1972年、東京都生まれ。早稲田大学第一文学部（心理学専修）卒業。大手予備校講師。担当は地歴公民（日本史）。監修書に『1テーマ5分で原因と結末がわかる日本史』（実業之日本社）、『日本史文書・書物の秘密』（水王舎）、『武器で読み解く日本史』（PHP文庫）、『クレヨンしんちゃんのまんが 日本の偉人』（双葉社）などがある。

1日1テーマ
30日でわかる戦国武将

2024年2月14日　第1刷発行

監修	山田勝
編集・構成	造事務所
文	村中崇
カバーイラスト	勝倉大和
本文イラスト	髙柳浩太郎
装丁	井上新八
本文デザイン	稲永明日香
編集	曽我彩　畑北斗

発行者	山本周嗣
発行所	株式会社文響社 〒105-0001 東京都港区虎ノ門2-2-5　共同通信会館9F
ホームページ	https://bunkyosha.com/
お問い合わせ	info@bunkyosha.com
印刷・製本	株式会社光邦

ISBN978-4-86651-684-4